EL TESORO
DE VILLA

-Sexta Edición-
AÑO 2007

Filiberto Terrazas

PROLOGO

A la Primera Edición

El Tesoro de Villa es, a lo largo de sus páginas, el relato de las peripecias vividas por tres aventureros que, basándose en las memorias escritas por el coronel José A. Nieto Houston, uno de los más fieles lugartenientes del Centauro del Norte y que le acompañó hasta su trágica muerte, determinan internarse en las profundidades de la Sierra Madre para encontrarlo.

En esta obra el autor, Filiberto Terrazas, haciendo gala de sus ya conocidas dotes literarias, complementa la narración original de la búsqueda del tesoro con pasajes inéditos, o poco conocidos por la mayoría, de las hazañas de Francisco Villa, la arquetípica, y podríamos decir principal figura de la Revolución Mexicana.

Filiberto Terrazas, escritor de gran éxito, cuyas creaciones han traspuesto las fronteras de nuestro país y las barreras de nuestro idioma, fue considerado en 1958 por el Dr. Gregorio Marañón como uno de los jóvenes más brillantes que jamás hubiese conocido.

Aquella joven promesa es en la actualidad, justo es reconocerlo, una sólida realidad en los ámbitos intelectuales y círculos literarios y a cuya fértil imaginación debemos obras como "El Aguila Caída"

(1962); "Discursos y Conferencias"

(1964); "Kukulcán"

(1966);" La Evolución de las Ideas"

(1970); "La Guerra Apache en México"

(1974) "Los Jugadores"(1980), de las cuáles, varias han sido editadas en nuestros talleres gráficos.

Es por ello que ahora, con gran satisfacción, entregamos al lector este libro que por su contenido, trama y documentación, posee todos los elementos que aseguran una lectura amena.

Enrique Almanza Roa

PROLOGO
-A la Cuarta Edición-

La Historia es la cuarta dimensión de la humanidad.

Desde que Herodoto empezó a redactar para la eternidad sus maravillosas páginas sobre la Grecia clásica de la antigüedad y el Egipto, nació la conciencia colectiva de los diversos pueblos que integran la hoy denominada Cultura Helenístico-Romana.

Por ello, la historia no queda hacia *atrás* sino hacia *adentro*; de esta forma, cuando leemos a Suetonio en "Los Doce Césares"la imaginación nos traslada al foro romano y mentalmente revivimos la grandeza y pequeñez de los seres humanos de aquel milenio.

México ha llamado la atención históricamente al mundo por dos temas inconexos: La Cultura Maya y Pancho Villa.

Si el lector busca en las librerías de Roma o París algún tema mexicano, inexorablemente se encontrará a los mencionados...y a ningún otro más.

La motivación de las siguientes páginas fue por una parte, preservar para las generaciones del porvenir, muchos de los datos que de primera mano me fueron proporcionados por quienes protagonizaron esta heroica etapa, y por la otra, entregar al gran público el único óleo para el cuál, en vida posó el General Francisco Villa.

No deja de ser gratificante, que la juventud del país se siga sintiendo interesada por la Revolución Mexicana, y desde luego, su más imponente figura.

Filiberto Terrazas

Primavera 03

EL TESORO
DE VILLA

No podemos dejar de mencionar lo mucho que esta edición nuestra debe al Sr. Jesús Manuel Vargas Gamboa, por su bondadoso empeño en la corrección y cuidado que llevó a cabo durante la impresión del presente libro.

1 ——————— La Suspensión provisional

"Ese generalito Treviño no es gallo pa'nosotros. Ya lo probamos al entrar a Chihuahua a dar el grito el 16 de septiembre y lo demostraremos otra vez atacando el 20 de noviembre. A ver si es lo mismo andar en bailes y desfiles que combatir a la División del Norte".

"...Y les damos a los gringos de pilón. Ahí está Pershing con quince mil hombres; si es tan hombre que se arranque. Nosotros apenas sumamos mil quinientos pero nos bastamos pa'tomar la plaza; al cabo allí toda la genete nos apoya. Así que, adelante mis muchachos: !a tomar Chihuahua!".

Al filo de las tres de la tarde se inició el cañoneo. El general Treviño, en previsión de un segundo fracaso como el sufrido el quince de septiembre anterior, había fortificado cuidadosamente a la capital del estado por lo que al avanzar la caballería villista dio la orden a la artillería de hacer fuego.

El choque fue brutal. Una lluvia de fuego se cernió sobre la ciudad y momentáneamente pareció ser el cañoneo lo suficientemente efectivo para detener la carga villista. Por ser otoño empezó a oscurecer temprano y los villistas estuvieron toda la noche combatiendo sin dar un momento de reposo a la fedceración.

Al tercer día proseguía el combate con el mismo encarnizamiento y en un momento dado ordenó el general Treviño una carga de caballería contra los "dorados", misma que fue totalmente derrotada y obligada a refugiarse en la fortificada urbe sin intentar una segunda salida.

La durísima lucha prolongóse a través de grandes bajas durante cinco días, ya que Treviño esperaba el auxilio de los quince mil norteamericanos de Pershing, quien observaba tranquilamente los acontecimientos desde Colonia Dublán sin atreverse a intervenir, o bien, de Obregón, quien organizaba un tren con otros quince mil hombres en su apoyo. La noche del veinticinco, el coronel villista Silvestre Quevedo, a costa de numerosas bajas, logra apoderarse del Cerro de Santa Rosa y para el amanecer el general Jacinto Treviño sale huyendo con su Estado Mayor sin aguardar los refuerzos prometidos. Acompañado de media docena de "dorados", el coronel José Nieto cabalga hasta el Palacio de Gobierno subiendo a caballo hasta el recinto oficial del gobernador, y sin desmontar arranca de la galería de la sala el óleo del general Francisco Villa, saliendo del edificio a galope tendido. En un brevísimo instante vino a su memoria cuando el entonces gobernador posó por única vez en su vida para dicho retrato, mientras despachaba los asuntos oficiales con su secretario general de gobierno, don Silvestre Terrazas. Antes de abandonar la plaza, y acompañado únicamente de su fiel asistente Nicanor Palomares, tuvo tiempo el coronel de ir a casa de su madre Juanita para simultáneamente despedirse y depositar en sus manos el valioso cuadro. No bien tomada la plaza de Chihuahua, recibe el general Villa un inesperado obsequio: Apolonio de la Garza, aquel ex villista a quien se le había confiado el dinero para la compra de armas y parque a riesgo de que la División del Norte fuese derrotada en los campos de Celaya, había retornado del vecino país, pensando que Villa estaba definitivamente vencido y confiaba en que de un momento a otro, a ocho columnas, aparecería la noticia de su fusilamiento.

Y en este mismo momento encontrábase en la ciudad de Chihuahua. Una pequeña escolta de "dorados"al mando del coronel Nieto lo sacó inmediatamente de su casa de la calle Independencia, para presentarlo con el Centauro. Sonriente, sucio, de magnífico humor hallábase Villa cómodamente sentado en el que había sido su despacho en el Palacio de Gobierno celebrando la toma de la ciudad, cuando entra el coronel Nieto con don Apolonio de la Garza. Al verlo, el general trastocó su semblante, desapareció la sonrisa y emergió la fiera herida. Inmediatamente se levantó de su silla acercándose como un tigre hacia su presa para apostrofarle: --Don Apolonio, no esperaba verlo tan pronto. ¿Y usted qué dijo? En vez del parque de la División del Norte, me hago millonario mientras Carranza y Obregón lo derrotan. Y yo, Apolonio de la Garza, sólo debo aguardar a que maten a Pancho Villa para disfrutar tranquilamente del dinero que le robé. Por lo pronto aquí vivo muy tranquilo en Chihuahua, fuertemente defendido por los carrancistas. ¿A que nunca pensó que nos volveríamos a encontrar? !Traidor desgraciado! Por su culpa murieron miles de mis muchachitos en el sur y usted, mientras nosotros nos dábamos en la madre con Obregón, muy a gusto invitando gringas a bailar ¿nó?

Pero ahora dígame viejo traidor, si usted estuviera en mi lugar: ¿qué castigo me impondría? !Ah, pero antes, antes me va a devolver hasta el último centavo que le entregué, ¿me entiende? !Hasta el último centavo!... y apúrese porque no tengo mucho tiempo. Desde que el coronel Nieto había sacado de su casa a don Apolonio, su esposa se había movido. Recordó a Felipillo, el tinterillo que vivía enfrente, y de inmediato se apresuró a exponerle la grave situación en que su marido se hallaba.

9

Felipillo llevóla con el licenciado Luján, quien a su vez aconsejó el recurso del juicio de amparo, cuya demanda en forma verbal fue presentada ante el Juez de Distrito y quien por su parte, otorgó la copia certificada al propio abogado antes que don Apolonio enfentase al pelotón de fusilamiento. El diligente y capaz licenciado Guillermo Luján y Zuluaga dirigióse con el mandato judicial con la prisa que las circunstancias aconsejaban, a la casa donde sabía se encontraba el general Villa.

Luego de vencer la férrea barrera de la escolta de "dorados ", llegó a la misma presencia del general Francisco Villa. Hallábase éste, de magnífico humor relatando a su escolta alguna de sus múltiples anécdotas, cuando aparece en su severo traje negro, tocado de negro bombín, el ilustre abogado don Guillermo Luján y Zuluaga esgrimiendo en su diestra, a manera de la flamígera espada de la Justicia Federal, la copia certificada del amparo otorgado por el Juez de Distrito. Con socarrona mirada de reojo lo observó Villa y con la mano derecha lo invitó a hablar, como seguro de antemano de lo que iba a escuchar.

--Señor general: Usted se ha caracterizado siempre por su espíritu justiciero que mucho admiramos quienes hemos conocido sus heroicas gestas. En el presente caso, convengo en su justa indignación contra don Apolonio quien de haber cometido un ilícito, evidentemente será consignado a las autoridades correspondientes para que se le juzgue conforme a Derecho, es decir, por los tribunales competentes.De momento, soy portador de un amparo con el cual, la Justicia de la Unión protege a mi defenso, y usted, señor general, no dudo que sepa acatar la resolución judicial de la cual soy portador, consistente en la copia certificada de la suspensión provisional.

La mirada de Villa brilló con rara malicia y su sonrisa convirtióse en sonora carcajada...

---!Suspensión Provisional!

---!Suspensión Provisional!

Lo felicito señor licenciado, por haber logrado esa suspensión provisional y tiene mucha, pero mucha razón. Yo sé obedecer las órdenes de un Juez Federal. !Venga!

Caminaron unos cuantos metros hacia las afueras de la casa, y Villa le señaló el tétrico espectáculo del cadáver de don Apolonio oscilante de una cuerda pendiente de una vigorosa rama al tiempo que explicaba:

--Señor licenciado, obedeciendo la decisión de su Juez, yo también ordené en ese amparo de don Apolonio, la suspensión provisional,

---!Pero del pescuezo!

--Señores, muchos
viven de quienes
anduvieron con
Carranza, con Zapata,
Madero u Obregón.
Unos pueden estar en
favor y otros en con-
tra,
pero hay algo que
nadie puede discutir:
VILLA ES LA
REVOLUCION.

2 ——————————————— La Antigua Paz

Las nostálgicas notas de "Club Verde" empezaron a llenar el ambiente de la cantina, mientras los parroquianos dedicábanse en una mesa a jugar dominó, o bien, discutir los temas de actualidad de todos los tiempos: la mala situación económica, críticas al presidente municipal, las hazañas de Fernando Valenzuela, reales, irreales y exageradas aventuras eróticas...y discusiones al revés, es decir, los polemistas conforme avanza el estado de ebriedad se van acalorando, cruzando apuestas que nunca se pagan, para terminar defendiendo los puntos de vista del contrario hasta quedarse dormidos, volver el estómago, insultarse o bien, abandonarse al dominio de Baco. En la mesa de dominó, las discusiones son generalmente dobles: por un lado siempre se debe reclamar al compañero de equipo el haberse "agachado", no respetar la mano, "doblarse"antes de tiempo, no haberse cerrado, haber cerrado equivocadamente, etc., etc., y por otro, tomar un tema cualquiera para contradecirse con, o sin razón. Este sábado a mediodía la charla de dominó hallábase particularmente animada. Inicióse con una severísima crítica a los ex presidentes Echeverría y López Portillo, aderezada con los peores epítetos conocidos por la Academia Mexicana de la Lengua.

Sin embargo, este conato de discusión hubo de languidecer por falta de opositores, es decir, porque todos los consuetudinarios de la cantina, como todos los habitantes del país, pensaban exactamente en los mismos términos, por cuya razón la plática derivó hacia otros personajes.

--Miren nomás-- exclamó uno de los jugadores de nombre Eugenio--, recuerdo cuando era niño, un día le enseñé a mi abuelita nomás pa'hacerla desatinar, un libro de escuela, de historia patria, donde ponían a don Porfirio como campeón, y ella, muy circunspecta, leyó serenamente el texto y me dijo estas proféticas palabras:

"Mira hijito, tú aún estás muy pequeño, aún no comprendes muchas cosas. A don Porfirio ahora todo mundo lo ataca, pero recuerda estas palabras: Cuando yo falte, tú serás mayor y entonces verás que serán los propios regímenes de la Revolución los que enaltezcan la figura de don Porfirio".

--Claro está, --exclamó su compañero de equipo mientras hacía la sopa--. Don Porfirio es un gigante al lado del par de pillos de Echeverría y López Portillo.

--Si Villa viviera ya los habría ahorcado--replicó Eugenio--como que Villa no se tentaba el corazón para ello.

--Podrán decir de Villa todo, menos que fue traidor o ladrón, fue la respuesta instantánea de Nicanor.

La discusión se reanimó inmediatamente en torno a la figura tan controvertida del Centauro del Norte. Parecía que las figuras de los tristemente célebres ex presidentes fuesen empequeñeciendo mientras se agigantaba la del guerrillero norteño. Varias "manos"de dominó sucediéronse en tanto se acaloraba la discusión, hasta que Eugenio reparó en la figura de Nicanor Palomares, viejo militante de la Revolución, invitándolo a dar su opinión.

14

Con grave, achacosa y cascada voz, el veterano empezó pausadamente:

--Señores, muchos viven de quienes anduvieron con Carranza, con Zapata, Madero u Obregón. Unos pueden estar en favor y otros en contra, pero hay algo que nadie puede discutir: VILLA ES LA REVOLUCION.

--¿Y en tu país, Walther, qué se opina de Pancho Villa? --inquirió Eugenio.

--Suiza es el antípoda de México. Francia hizo su Revolución y surgió Napoleón; Rusia hizo la suya y apareció Lenin; en México como dice Nicanor, Villa es la Revolución, y hasta Cuba tiene en Fidel su peculiar Revolución, ¿y mientras tanto qué se oye en Suiza?: tic tac, tic tac. Si en mi país alguien pronuncia la palabra : Revolución"se le calificaría de loco, pues desde la construcción del primer reloj, toda la vida se rige por el tic tac, nuestro himno nacional.

¿Y cuál es la religión predominante en Suiza? --preguntó el cuarto jugador.

--El trabajo.
--¿ Y tienen algún deporte nacional?

--El aburrimiento. Todo es tan ordenado, todo fluye tan matemáticamente que las cárceles están vacías y como nunca sucede nada, absolutamente nada inesperado, nadie ríe. Por eso no tenemos payasos ni escritores. No hay imaginación en Suiza. Si Cantinflas fuera allá, simplemente no lo comprenderían.

--Bueno, entonces tú ¿qué andas haciendo aquí? --volvió a preguntar Eugenio.

--Vine a buscar el tesoro de Pancho Villa --respondió flemáticamente Walther.

Una carcajada general retumbó por todo el salón.

--El tesoro de Pancho Villa no existe--replicó Eugenio--Hace mucho que lo sacaron, ¿no es así, Nicanor?

--No es así--pausadamente replicó Nicanor--Me tocó el privilegio de acompañar a mi General, tanto durante los años de gloria en Torreón, Paredón y Zacatecas; como en los años de penuria. Fueron cinco largos años--del 15 al 20--en que anduvimos a salto de mata perseguidos unas veces por el ejército carrancista, como por los gringos de Pershing. Todos fracasaron porque, como ustedes saben, jamás lograron atrapar a mi General.

--Fueron muchos los combates librados en esos cinco años en que mi General escribió una de las más brillantes proezas militares. Unas veces ganamos y otras perdimos, pero mi General jamás se rindió a Carranza, y por el contrario, tuvo la satisfacción de comprobar su profesía cuando dijo que Obregón algún día lo iría a traicionar y echárselo al pico.

--Pero, ¿el tesoro? --insistió Eugenio.

--Existe, mejor dicho, existen, porque yo personalmente acompañé junto con Nicolás Fernández, Ramón Córdoba y Miguel Trillo, cuando les pegamos a los carrancistas y les quitamos el oro y la plata de Batopilas.

16

Y también anduve con él cuando recuperamos el dinero de Apolonio de la Garza. Así es que por lo menos, dejó enterrados cuatro tesoros, eso sólo que yo me haiga dado cuenta.

-- ¿Y no sobreviven ninguno de quienes lo acompañaron?

--De su absoluta confianza sólo quedaron muy, muy pocos. Fusilados Pablo López y Felipe Angeles, apenas sobrevivieron los que aparecen retratados con él en Canutillo. Pero sí sobreviven las memorias escritas por tres de sus más allegados: Nicolás Fernández, Miguel Trillo y Pepe Nieto. Si ustedes dan con ellas y las saben descifrar, quien quite y den con el tesoro.

--A poco en sus memorias van a decir donde enterraba Villa el botín de sus correrías..

--Por supuesto que no; pero sí pueden seguir muy de cerca el itinerario de mi General. Además, todavía sobreviven algunos de quienes acompañamos a mi General. Es cuestión de trabajar. Y también de suerte, pues algunos como Benjamín Herrera se han pasado toda la vida buscándolo en vano, pero nomás una cosa les voy a decir:

El tesoro existe...

--Yo lo vide--finalizó la discusión don Nicanor--Era tan grande y tan pesado que hubo de emplearse ocho mulas grandes pa'acarrearlo.

17

En voz baja y lenta, sin dejar
de mirarlo comentó
José Nieto,
quizá más para sí, que para
su acompañante:
--La soledad es el alimento
del genio.

3 —————————————— El Botín

Pocos inviernos habían azotado al estado de Chihuahua como ese. Desde noviembre hasta febrero habían caído no menos de siete fuertes nevadas. Y ésta que caía en plena sierra dejábase sentir con toda su fuerza haciendo descender varios grados bajo cero el termómetro cubriendo toda la región de un albo manto.

El tren que corría desde Estación Creel hasta la ciudad de Chihuahua, hallábase cubierto casi totalmente de la blanca capa proveniente de un cielo gris, obligando al fogonero a alimentar la máquina con cantidades extras de carbón.

Una fuerte escolta de soldados carrancistas tenía la doble misión de salvaguardar la "conducta", en este caso, consistente en pesados lingotes de plata y oro extraídos de la profunda entraña de la Sierra Madre, muy particularmente de la región de Batopilas, así como tranquilizar el estado de los descabellados ataques de la otrora imponente y gloriosa División del Norte, ahora convertida en una desarrapada gavilla de fascinerosos, capitaneada por el bandido Pancho Villa.

El coronel Piñón no se limitaba al militar deber de custodiar la "conducta" hasta la ciudad de Chihuahua, sino tranquilizaba a los poblados y rancherías respecto a posibles depredaciones de los "dorados", mientras llevado por una mentalidad de investigador, inquiría constantemente en cada aldehuela y a cada transeúnte sobre los villistas.

Cada relato considerado de interés, era debidamente registrado en una pequeña e inseparable libreta.

Por lo pronto, con este frío de todos los diablos, el tren podía considerarse seguro de todo género de ataques; en efecto, la temperatura bajísima a duras penas permitía a los serranos salir de sus casas para llevar a cabo las más apremiantes necesidades.

Y Villa con toda seguridad estaría aterido de frío, calentándose las manos al calor de un vivac o escondido en alguna cueva; ojalá se atreviera a asaltar el tren. El intento bien podría costarle la vida, no sólo a él, sino a la mayoría de su ya de por sí, diezmada partida de forajidos. No le caerían mal las mil monedas "alazanas"ofrecidas por su cabeza.

Cincuenta mil pesos oro nacional es una cantidad suficiente para retirarse del ejército y vivir como rey, ya en su natal Indé o bien en Guadalajara. Precisamente por ello a cuanto ranchero encontraba, preguntábale por él. A su asistente Mascorro, igualmente hacíale constantemente la misma recomendación y cotidianamente preguntábale:

--¿Qué has averiguado?

--Lo mismo, mi coronel, parece que están en todas partes y en ninguna. Igualmente puede estar en Parral, Ciudad Juárez o atacando Torreón.

--Así es. Parece que se lo tragó la tierra. Nada me extrañaría que para burlarse de los gringos se encontrara en San Francisco California.

Sin embargo, Villa hallábase cerca, mucho más cerca de lo que el coronel Piñón hubiese podido suponer.

Y como si fuese poco, estaba bien informado, pues los rancheros de todo el estado teníanle al tanto del menor movimiento del ejército carrancista. No de otra manera hubiese podido burlar al cuerpo constitucionalista aliado a la expedición punitiva encabezada por Pershing.

Además, sabía que en ese tren irían doscientas barras de plata para Batopilas y alrededor de veinte lingotes de oro, custodiados por treinta y tres "carranclanes". Es decir, un buen botín, y un golpe más al gobierno de Carranza.

Así pues, una vez más, reunió a los pocos supervivientes del más poderoso ejército que jamás se haya visto en México, y conforme su vieja costumbre les dijo:

--Muchachos: bastantes penalidades han sufrido conmigo, pero yo les dije que quienes quisieran seguir en la bola conmigo, lo hicieran de buena voluntad.

--Ahora nos informan nuestros buenos amigos, que a pesar de estos tiempos tan difíciles nunca faltan, viene un tren procedente de Creel con muy buen cargamento de plata y oro. --Como el gobierno nos ha suspendido los haberes, vamos a cobrarnos a lo "chino". Yo por mi parte no tengo ambiciones personales, así que la mitad será para la causa, es decir, con ella compraremos parque, armas y vestidos, todo ello buena falta nos hace.

--En realidad son dos trenes; uno de ellos, el que viene adelante trae puros 'changos"y sólo sirve para despistar. !Ah que Carranza tan diablo!, me tiende la trampa de invitarme a tomarlo cuando vienen completamente armados hasta los dientes, a ver si caigo.

--Y detrás del primero, con una hora de diferencia viene el del oro.

--A ver tú, Nicolás ¿qué opinas? -dijo dirigiéndose al general Nicolás Fernández.

--Pues yo diría que dejáramos pasar el de adelante y tomar el de atrás.

--¿Y tú, Pablo?

--Soy de la opinión de tomar los dos trenes. Yo me encargo del de adelante--dijo el general Pablo López-- Y usted toma el de atrás.

--Pues creo que los dos están equivocados; replicó Villa; si dejamos pasar el de adelante, éste puede devolverse y darnos muy buen susto. Por otro lado, atacar los dos trenes nos costaría mucha gente. Así que tengo una idea mejor.

--¿De qué se trata? --preguntó el general Miguel Saavedra.

--De algo muy sencillo, -soltó luego una carcajada--, encerramos el tren de adelante y tomamos el de atrás.

--Pero, cómo, mi General? --replicó el coronel Trillo.

--Pos, con dinamita; mira que pregunta tan tonta.

--Es que encerrar un tren no parece tan fácil.

--Pero lo es--insistió Villa-- De a tiro fácil; lo que pasa es que a ustedes no se les ocurre nada. Miren que sencillo: Al entrar el primer tren por el túnel entre Talayotes y Pichachic, dejamos que solito se meta y le dinamitamos primero la salida y cuando quiera echarse para atrás, hacemos lo mismo con la entrada.

22

Así que a esos seiscientos "changos" que andan en el primer tren los vamos a dejar bien encerraditos en su túnel, y mientras tanto, volamos la segunda máquina y tomamos el segundo tren. Al fin tenemos dinamita de sobra. Con que: ¿Cómo la ves desde ahí?

--Ah que mi General, --contestó Saavedra--, nomás se me hace feo la muerte que le vamos a dar a los seiscientos "changos".

--No, Miguelito; no les tengas ni tantita compasión. Mira, el día que ellos te agarren, no te la van a perdonar. La guerra es implacable. Ya ven, ahora ofrecen mil "alazanas"por mi cabeza. Yo por el contrario, no daría una sola por la cabeza de seiscientos "changos"del primer tren.

--Creo bastante posible el plan; intervino el general Pablo López--.Con dos cargas de dinamita acabamos con seiscientos enemigos y por si fuera poco, nos hacemos de algunas barras de oro.

--Y además, también dos cofres con alazanas --agregó Villa-a lo mejor es para pagar mi cabeza y la de todos nosotros. Así van a quedarse sin Juan y sin las gallinas. ¿Estamos?

--!Estamos! Contestaron los generales al unísono.

Al día siguiente salió el sol. Un brillante disco imponiendo su majestad sobre el bellísimo espectáculo de la Sierra nevada. Los macizos pinares cuajados de blancos copos semejaban millares de árboles de Navidad sobre el imponente panorama abierto de enormes montañas y profundos barrancos de más de mil trescientos metros de diferencia, pareciendo increíble que en lo alto hubiese una flora y una fauna de montaña como conífera y encino, puma, oso plateado y nutrias, y en el fondo plátano, café, mango, ocelote y "chilugos".

Por ello, Celso Lechuga disfrutaba su trabajo de maquinista. Considerábase afortunado en haber sido destinado al ferrocarril programado "Kansas City, México y Oriente". Cierto es que por lo pronto saliendo de Ojinaga, atravesando Chihuahua, sólo llegaba hasta Estación Creel.

Sin embargo, tan seguro como la luz del sol, algún día ese mismo tren bajaría hasta el mar en Topolobampo; entonces su felicidad sería total. Afortunadamente, la Revolución había terminado. Bueno, no del todo, es decir, lo único que faltaba era que Villa se rindiera o se amnistiara, o que lo mataran...Y que Carranza dejara el poder, porque ya tenía varios años en él con la banderita de "Sufragio Efectivo, no Reelección", pero el caso era que no tenía ni para cuando dejarlo, lo cual estaba despertando bastante recelo entre el ejército, especialmente en Obregón.

--Todo listo-- fue la voz de su fogonero sacándole de su ensimismamiento.

--Bueno pues, vamos. Hizo sonar tres veces el potente silbato de su máquina, y pocos segundos más tarde, empezaba lentamente a rodar rumbo a Chihuahua. Apenas la vía emergía de la cubierta nevada del paisaje espendente por un astro rey pretendiendo anunciar la próxima primavera a la variada fauna de la montañosa región.

En los vagones de atrás, seiscientos "pelones"con varias inseparables soldaderas y algunas guitarras, entonaban canciones revolucionarias entre gritos y tragos de sotol de Coyame. Continuó su alegre marcha el tren hasta llegar a Bocoyna, donde hizo un alto para ascenso y descenso de pasaje y mercancía.

Pocos minutos después, dirigíase a San Juanito, centro maderero de gran porvenir, para repetir la misma operación de Bocoyna.

Celso Lechuga revisó la caldera y reemprendió la marcha, calculando llegar a La Junta para antes del mediodía. La nieve seguramente les acompañaría a través de todo el recorrido hasta la propia capital del estado.

Bufando como un toro furioso, prosiguió la locomotora bajando de San Juanito, bordeando y horadando montañas. A lo lejos, divisó Celso el último túnel antes de bajar a las planicies. Encendió las luces y penetró sosteniendo la misma velocidad.

Pensó el maquinista que la bella montaña invernal daba la impresión de surgir un breve eclipse solar; al cabo de escasos minutos alcanzó a percibir en lontananza la salida del túnel, y como de costumbre se preparó a apagar las luces. Faltaban unos cuarenta metros cuando se escuchó una potentísima explosión que parecía derrumbar toda la montaña, tapando desde luego la salida del tren.

Sin embargo, no perdió Celso la serenidad y de inmediato aplicó los frenos en tanto veía sorprendido cómo quedaba totalmente obstruída la salida. La poderosa explosión indicaba con toda claridad el hecho de haber sido dinamitada la montaña, pues a mayor abundamiento, la propia máquina habíase cimbrado lo cual evidentemente nunca hubiese sucedido con un simple derrumbe.

Reaccionando oportuna y correctamente, una vez detenido, aplicó la reversa. No habría andado en sentido contrario doscientos metros, cuando una segunda explosión, más poderosa que la anterior, pareció sacudir toda la Sierra.

Por segunda ocasión, hubo de aplicar los frenos mientras el fogonero con los desorbitados ojos por el terror gritaba...

--!Celso! !Ya nos quedamos encerrados!

¿Qué hacemos?

--Nada -- respondió lentamente su compañero.

--!Tenemos que hacer algo! !No podemos morir así!

--Ven, vamos a inspeccionar los daños.

Con una enorme linterna eléctrica de mano, descendieron maquinista y fogonero a la vía del túnel, encontrando al coronel Piñón al pie de la vía.

--¿Qué diablos ha pasado? --preguntó éste.

--Están tapadas ambas bocas con millares de toneladas de piedra, y llevaría meses enteros desalojarlas.

--No tenemos suficientes alimentos para poder resistir, --alcanzó a observar el coronel.

--Ni alimentos, ni agua, ni oxígeno--concluyó fatalísticamente el maquinista, mientras se empezaban a escuchar los lastimeros alaridos de las soldaderas que empezaban a comprender su angustiosa situación. En efecto, el pánico cundió al percatarse de la inesperada, súbita y terrible muerte que les aguardaba. No quedaba nada por hacer, excepto apagar la máquina para ahorrar oxígeno, y evitar que el negro humo les ahogara de inmediato.

Una vez realizado esto, entre el pánico y la resignación, varios cientos de seres humanos esperaron que la muerte les abrazara silenciosa, inexorablemente, mediante la asfixia.

A unos metros afuera, la vida proseguía en todo su esplendor. Una ancha sonrisa de satisfacción iluminó la faz del general Pablo López al contemplar el éxito, el macabro éxito de la misión encomendada, y dirigiéndose al general Rafael Castro le comentó:

--Bueno, estos "pelones"se van a quedar encerrados muy buen rato aquí.

--Ora, vamos a seguirle con el otro tren.

Efectivamente, unos veinte minutos después, bordeando la última curva antes de llegar al fatídico túnel, apareció la máquina esparciendo con sonoro chorro de vapor la nieve acumulada sobre los durmientes de la vía. Al aproximarse a unos quinientos metros de la inmensa cripta donde habían quedado sus predecesores, una tremenda explosión hizo volar la máquina mientras la caballería villista por un lado, y la infantería por el otro, carabina en mano acercáronse disparando sus 30-30s.

Inútil fue la resistencia opuesta por el teniente coronel Ahumada. Una lluvia de balas diezmaron inmediatamente a la escolta sin darle la más pequeña oportunidad de contraataque.

Minutos más tarde, Ernesto Ríos, Ramón Córdoba y Silverio Tabares entraban a los carros haciendo fuego sobre los asustados "pelones"hasta su total exterminio, respetando la vida sólamente a los inermes civiles ajenos al conflicto.

El propio Villa apareció luego, encarando al mal herido coronel Ahumada para preguntarle:

--¿Dónde están los lingotes?

--En el tren de adelante.

--No sea hablador, ya nos dijeron los de adelante que usted los traía.

--¿Dónde está el coronel Piñón? -preguntó a su vez el coronel Ahumada.

--Lo tengo bien encerrado para que no haga más diabluras -contestó de buen humor Villa --Así que entréguenos inmediatamente la "conducta".

--Están en el reservado para damas.

--Muchas gracias, mi teniente correlón.

Ernesto Ríos y Ramón Córdoba, forzaron el reservado para damas y efectivamente, tres enormes cofres conteniendo el oro y la plata se ofrecieron a la ávida mirada de los coroneles. Con la ayuda de varios "dorados", sacaron las cajas y después de dar el tiro de gracia al coronel Ahumada, repartieron el botín en varias mulas para perderse en las profundidades de la Sierra Madre.

Don Venustiano montó en cólera al recibir el parte militar de la derrota tan ignominiosa recibida por sus fuerzas, así como la pérdida de tan valioso botín. Inútil fue la orden de rastrillar todo el estado de Chihuahua en busca de Villa, como infructuoso fue doblar la recompensa por su cabeza.

Muy a su pesar, hubo de reconocer que en las ciudades, en los poblados y rancherías del inmenso estado, el pueblo lo protegía y negaba su cooperación para su captura, incluso, a pesar de la formación de los llamados "defensas sociales"cuyo único objetivo era precisamente su captura y muerte.

La captura de Villa vivo o muerto, era la obsesión de don Venustiano. Jamás podría gobernar a gusto mientras Pancho Villa anduviera libre. Muchas veces pensó mandar a Obregón a perseguirlo al norte, pero había que reconocer la realidad de los hechos, y su mejor general no podría ser rival de Villa en el terreno de la guerrilla por la elemental razón de que le faltaba un brazo y era evidente la desventaja física frente al Centauro, además de la posibilidad de que el mismo Obregón sucumbiera en alguna celada, porque no podría menospreciarse al vencedor de Zacatecas y Torreón; siempre sería un enemigo sumamente peligroso.

¡Qué lejos estaba Carranza de adivinar el pensamiento de Villa! Allá en lo alto de la Sierra Madre, protegido por los profundos barrancos, por los pinares y el pueblo mismo de Chihuahua, el Centauro del Norte concibió la idea audaz en grado extremo de ir personalmente, después de haber sido vencido en Celaya, León y Trinidad, a atrapar ¡al propio Carranza a la ciudad de México! Si Carranza había ofrecido una recompensa por su cabeza, él ofrecería otra por la de él. Era intrépido el plan, pero no absurdo y sabía bien que con su propia escolta, bastaría para atraparlo en el trayecto entre su casa y Palacio Nacional. Bastaría dispersar sus tropas citándolos en un día en la capital, y dar el golpe con toda rapidez, para retornar de inmediato al Norte.

Por lo pronto era necesario esconder el botín.

Afortunadamente conocía todo el estado de Chihuahua piedra por piedra y cada uno de sus aguajes, cañadas, vallecillos y montañas que éranle familiares. Sabedor que Carranza y Obregón desatarían una implacable persecución en su contra, dispersó a toda su gente no sin antes repartirles la mitad del botín. Una reducida escolta con Nicolás Fernández, Pablo López, Ramón Córdoba y José Nieto, fueron internándose en lo más abrupto de la Sierra de Santa Ana; después de atravesar un vallecillo y vadear un riachuelo, empezaron a subir la falda de un cerro, en el centro exacto de un trángulo equilátero formado por tres viejos encinos; empezaron a escarbar un profundo hoyo en el cual depositaron los lingotes de oro y plata, para después de cubrirlo cuidadosamente, trasplantar varios mezquites y dejar que la misma naturaleza se fuese encargando con la flora silvestre de disimular la excavación.

Entonces Villa comentó:

--Estos lingotes nos van a servir para sostener la lucha muchos años. Este viejo barbas de chivo no se atreve a venir al norte a buscarme. No es mas que un viejo convenenciero y ambicioso. --Recuerdo que cuando el señor Madero nos convocó a la Revolución contra don Porfirio, los únicos que le respondimos como los hombres, fuimos Pascual Orozco y yo en la toma de Ciudad Juárez. ¿En dónde estaba el mocho perfumado? Y Carranza, a quien repetidas veces urgió don Panchito viniera a echarnos la mano se hizo tarugo en Coahuila esperando a ver quien ganaba para irse con el vencedor.

Y cuando Juárez cayó, entonces sí se presentó muy orondo a recibir su Ministerio de Guerra.

Por eso en la foto que nos tomaron al triunfo de la Revolución aparece Orozco con una cara de pocos amigos. Pocos minutos antes me había dicho:

--Mire compañero, este barbón del bombín no me inspira ninguna confianza. Toda su vida estuvo con don Porfirio y ahora que cayó se pasó inmediatamente al lado del chaparrito. Pa'mi que va a intrigar y a la primera oportunidad se va a trepar a la presidencia.

--Y yo le contestaba: no adelante juicios general. Primero veamos cómo pinta la cosa con el señor Madero.

--Pero Pascual insistía: Acuérdese de lo que le digo, compañero. Usté siempre desconfíe de los que nunca ven de frente, y este chivo fíjese como esconde la mirada detrás de los lentes ahumados.

--Y vaya, cuánta razón tenía Pascual. Don Panchito era un hombre de muy buen corazón, por eso todo mundo quiso abusar. Así, cuando veía a Huerta me acordé de los lentes ahumados y la mirada escondida y luego luego pensé para mí: "Este, a la primera oportunidad va a traicionar al señor Madero". Es más, se lo previne a su hermano Raúl, pero no me creyó hasta que se consumó la traición.

--No cabe duda que yo tengo mucha de esa llamada intuición.
Sabía que iban a asesinar a don Abraham González, como supe que don Panchito no iba a aguantar mucho tiempo en Palacio, !era demasiado bueno!

Ahora fíjense bien lo que les digo:

El mocho perfumado está nomás que zopiloteando a barbas de chivo, y a la primera oportunidad se lo va a echar al pico.

Nosotros hemos de ver ese agarrón que va a estar bueno.
Luego luego se ve la desconfianza entre ellos.

"En plena madrugada, las fuerzas del general Enríquez atacaron furiosamente los sarapes y sombreros, pero Villa estaba en represalia, atacando Parral".

4 —————————— Las Memorias de Pepe Nieto

--Qué se me hace que don Nicanor es puro viejo hablador.

--No creo, Eugenio. A mi me parece un hombre muy sincero y todo lo que ha dicho de Villa es cierto realmente.

--¿Y tú, cómo sabes?

--Pues porque desde que vivía en Lugano oí hablar de Pancho Villa. En realidad es el único mexicano del cual se oye hablar en Europa. Desde niño tanto me llamó la atención su recia personalidad, tan original, tan diferente del temperamento helvético, que desde hace muchos años he adquirido cuanto libro he podido conseguir, tanto en Suiza, Francia o México sobre él y la Revolución Mexicana.

--¡Y son puros embustes los de don Nicanor! Se me hace que esa pata chueca es por un carro que lo atropelló hace ocho años al salir borracho de "La Antigua Paz".

--Estás equivocado, Eugenio; todos estos meses que hemos conversado con él, al llegar a casa cotejo inmediatamente en mi biblioteca todos los nombres, los lugares, los combates y efectivamente coinciden a la perfección los datos, excepto, claro está, las anécdotas que aún permanecen inéditas.

La Calesa tiene justificada fama de ser el mejor restaurante del estado de Chihuahua. Su ambiente invariable intégrase por turistas americanos, ganaderos chihuahuenses, funcionarios federales y empresarios, tanto norteños como capitalinos, entrelazados en torno a una buena mesa siempre bien surtida de vinos generosos y selectas carnes, sin otra rivalidad que los cortes bonarenses.

El tercer whiskey Cutty Sark, había sido escanciado cuando arribaron los platillos portadores de suculentos filetes del famoso ganado Cara Blanca de Chihuhahua. La estimulante perspectiva gastronómica, agilizó la conversación:

--¿Entonces, tú crees que será posible?

--Por supuesto que sí. Mi ordenada educación suiza me indica el orden lógico a seguir:

a) Reunión de información

b) Acopio de material, planos, libros "Memorias", experiencias como las de don Nicanor, etc.

c) Trazar un programa de trabajo con el mismo rigor científico que una expedición geológica.

d) Preparación del material adecuado: tiendas de campaña, prismáticos, provisiones, etc.

c) Realización de nuestro programa, y en caso de haber suerte, la división del tesoro en tres partes.

--¿Porqué tres?

--Olvidas a don Nicanor. Nadie como él conoce la historia y la geografía. Así como los nombres de quien verdaderamente acompañaron a Villa hasta el final. Ese hombre sabe más de la cuenta y su memoria es verdaderamente prodigiosa.

--¿Y si son puras tanteadas?

--De ninguna manera. Precisamente el sábado, el licenciado Salvador Creel Sisniega me invitó a cenar en su casa y en su biblioteca me mostró un álbum hecho con motivo de los doscientos cincuenta años de la fundación de Chihuahua.

-Pues bien; observándolo cuidadosamente ví una curiosa foto de los "dorados"donde aparecen Nicolás Fernández, José Nieto, Ernesto Ríos y Ramón Córdoba. Le pregunté con la foto a la vista si conocía a alguno y me respondió que José Nieto Houston, coronel, era nieto del primer Vice Cónsul americano en Chihuahua, John Calvin Houston, el cual tuvo tres hijas; Sara, casada con Pablo Luján; Juana --su madre-- y María, casada con Manuel Lazo.

Dicho coronel Nieto, fue desde luego uno de los más valientes y leal compañero de Villa, y si algún defecto tuvo, fue la modestia. Jamás reclamó pensión alguna como veterano, nunca exigió reconocimniento y, a instancias del propio licenciado Salvador Creel Sisniega, pergeñó unas memorias antes de morir en 1952.

--¿Y dónde se encuentran dichas memorias?
--No sé; pero sí sé quien sabe.

--A saber...
--Nuestro amigo Nicanor Palomares.

--Pues ya está; serán tres partes: una para ser depositada en la banca suiza; otra para don Nicanor y la última para tu amigo.

--Bien; consecuentemente y conforme al inciso a), debemos empezar por la información. Existen actualmente tres personas vivas a quienes deberemos entrevistar:
a) La viuda del coronel José Nieto Houston
b) La viuda del general Villa, doña Chole Seáñez, actualmente en Ciudad Juárez.
c) El licenciado Francisco Hipólito Villa Rentería, jefe de una Oficina Federal de Hacienda en la ciudad de México.

--Como ves, la idea aparentemente disparatada, va cobrando forma.

Al día siguiente tres disímbolos personajes vinculados por un objetivo común, volviéronse a reunir en "La Antigua Paz".

Eugenio Calzadíaz, comerciante próspero, astuto, a sus cincuenta y un años a base de mucho trabajo, audacia, buen carácter y vívida imaginación, habíase abierto paso a codazos en la selva mercantil abriendo un pequeño comercio donde lo mismo vendía y compraba artículos de ferretería, que parque, armas, casas o terrenos, relojes y joyas. Walter Busch, oriundo de Suiza, ingeniero géologo y metalúrgico, metódico y equilibrado en todos los actos de su vida. A sus treinta y dos años su curiosidad científica y afán de romper los rígidos moldes de una vida prefabricada en su país, le había impulsado a cambiar el escenario de los imponentes Alpes por la no menos impresionante Sierra Madre Occidental, trabajando para las compañías mineras mexicanas, en su insaciable búsqueda de los preciosos metales, oportunidad para conocer un país tan distinto y distante como México.

Su afán bibliográfico le estimuló el estudio apasionante de la historia, muy especialmente de México, tanto las culturas Maya y Azteca, como el capítulo de la Revolución. Veía a México como todo un experimento sociológico en pleno proceso formativo, como si la Madre Natura estuviese combinando las fuerzas sociales por la vía de la investigación científica.

Seguía siendo por lo demás, un vasto territorio de conquista en cuya entraña escondía inmensos tesoros en espera de ser descubiertos y debidamente aprovechados.

Además, le fascinaba la aventura, y América ofrecíale en este vasto campo una oportunidad que su pequeño país natal le cerraba. Hubiese deseado participar en alguna Revolución, pero esta palabra en su tierra era sólo vista con curiosidad y quien la pronuncia es escuchado con una benévola sonrisa, por lo cual, frecuentemente jugueteaba con este planteamiento absurdo:

¿Qué hubiese sucedido si Pancho Villa hubiera nacido en Suiza?

Don Nicanor Palomares nació con el siglo en la "Suave Patria"de la provincia mexicana. Su bucólica existencia transcurrió apacible y risueña entre las pesadas, pero sanas y divertidas labores campiranas de Santa Rosalía, donde cada amanecer era precedido por el polífono canto de las aves silvestres o la estridente voz de los domésticos gallos.

El relinchar de la caballada, el balar de las ovejas y el suave susurro del viento primaveral, esmaltaron su existencia...hasta que apareció el torbellino de la Revolución. Esta palabra anteriormente carente de significado, vino a azotar las más íntimas fibras de su alma inocente el día que por su pueblo apareció el propio Pancho Villa.

Con una sola mirada, el caudillo lo electrocutó y a partir de ese momento, la tranquilidad quedó condensada en un pretérito ensueño envuelto entre las caricias de su madre.

Vió la sangre humana manchar los horrores de la guerra civil. Su pequeño mundo de Santa Rosalía se resquebrajó al marchar, carabina en ristre, a la toma de Zacatecas, en uno de los más terribles combates trabados en México. Contempló la muerte rozándole una y otra vez en compañeros, unos segundos antes risueños, caer inertes con el cráneo destrozado por una granada.

Y abrigó un ideal. Supo que la muerte de sus compañeros en los innumerables combates de la División del Norte tenían un sentido para la historia. Permaneció con Villa para siempre.

Celaya, León, Trinidad, y luego los terribles años de amargura y derrota. Observó cómo la prensa voluble y cínica llamaba bandolero poniendo precio a su cabeza a quien poco antes comparaba con Napoleón.

Cruzó los cinco dramáticos años que abren el compás de Celaya a Canutillo madurando como hombre y como mexicano, en que cada día se preguntaba a sí mismo si llegaría a terminarlo. Tuvo la fortuna de sobrevivir a los incontables combates de Ciudad Juárez, Chihuahua, Parral, Namiquipa, Agua Prieta, Hermosillo, Torreón, y tiroteos incesantes con los gringos de la punitiva y las columnas carrancistas de Murguía y Treviño hasta arribar a aquel dichoso día contemplando al Centauro dirigir el último discurso de su vida anunciando la paz, y prometiendo no volver a quemar un sólo cartucho contra sus hermanos de raza.

Efectivamente, pocos días después, arribaban a la Hacienda, entonces en ruinas, de Canutillo. Cerca de tres años transcurrió en ella, participando en su transformación, hasta que llegó el día de la despedida. Después de regalarle diez "alazanas", escuchó las últimas palabras del Centauro:

--Te deseo lo mejor, Nicanor. No dejes de estar siempre en contacto conmigo, con Pepe Nieto o Ernesto Ríos; y cuando vuelvas por aquí, me vienes a visitar.

Atrás quedó Canutillo, y una nueva vida se iniciaba para él.

El ferrocarril requería de empleados, y su primo Arcadio le consiguió empleo como "garrotero"y luego de conductor. Se casó, formó su hogar y viajó constantemente entre Ciudad Juárez y México hasta el día de su jubilación con treinta y ocho años a cuestas de trabajo efectivo. De sus dos hijos, uno, el varón consiguió trabajo como administrador de un hotel en la capital y la hija casó con un "residente" de Los Angeles donde largas temporadas se pasaba su mujer.

Así fue quedando solo completamente en la ciudad de Chihuahua, ya que siempre rehusó tajantemente la posibilidad de ir a vivir con su hija, yerno y nietos a California. Una ocasión había decidido acompañar a su yerno con la familia para conocer el Zoológico de San Diego, y Disneylandia, pero después de ello, regresó a Chihuahua donde transcurrió la mayor parte de su vida.

Aparte de ello, prefería recibir la visita de sus nietos en las vacaciones de verano, e incluso, acompañarlos en el viaje anual a la travesía Chihuahua-Los Mochis. Era entonces cuando hablábales de la Revolución y la historia de México. Toda vez que por estar educados en California, era poco lo que sabían fuera de los Estados Unidos.

Mientras su esposa vivía en los Angeles, él procuraba pasar sus últimos días plácidamente, disfrutando de su pensión, charlando con sus viejos amigos, leyendo algún libro, viendo la televisión o jugando al dominó.

Muy temprano pasaron Walter Busch y Eugenio Calzadíaz por Nicanor a invitarlo al clásico "menudo norteño". No bien hubiéronse sentado, cuando el suizo inmediatamente inquirió:

--¿Quienes fueron los hombres de mayor confianza de Villa en Canutillo?

--En primera fila estaban Nicolás Fernández, Ricardo Michel, Ernesto Ríos --jefe de escolta--,Ramón Córdoba, Ramón Contreras, Pepe Nieto y desde luego su secretario particular, Miguelito Trillo.

--¿Y usted, con quién tuvo mayor amistad?

--Con todos. Había un grupo inseparable compuesto por Ramón Córdoba --con cuya hijita casó Pepe Nieto--, Ernesto Ríos, Ricardo Michel y el propio coronel Nieto de quien fui asistente desde la muerte de Rodolfo Fierro en la laguna de Casas Grandes.

--Entonces, a la muerte de Villa ¿dónde estaba usted? --preguntó Eugenio.

--Siempre tuvo mi general la idea de que Obregón planeaba asesinarlo. Ya lo había intentado antes con unos supuestos arrieros, pero Villa era muy desconfiado y cuando recibió unas ametralladoras que le mandó regalar Obregón, luego luego comentó:

--Miren nomás qué hipócrita este mocho. Cree que con estas armas le voy a entregar mi confianza. ¿A poco ustedes creen que ya se le olvidó su brazo mocho? Acuérdense bien lo que les digo; nomás quiere tantearme para matarme como quiso hacerlo con aquellos y con el gaucho Múrgica, pero le va a costar su trabajo. Oye Pepe, estas ametralladoras están bien, pero se me hace que son insuficientes para defendernos de un ataque aquí en Canutillo.

Te me vas a El Paso y me traes de una vez otras seis más; pero antes, vénganse, es hora de la comida.

40

Esto sucedía en noviembre de 1922. Al día siguiente, salimos mi coronel Nieto y yo a Parral, de ahí nos venimos a Chihuahua y de aquí nos fuimos a El Paso, Texas, donde se compraron armas de diversas clases: ametralladoras, pistolas, carabinas 30 -30 y bastante parque. Luego nos trajimos todos estos pertrechos aquí a Chihuahua, y mi coronel me mandó ponerle un telegrama en clave que decía:

"Maíz debidamente almacenado". Esto significaba que el parque y las armas estaban ya escondidas en diversas casas de absoluta confianza. --De estos viajes por pertrechos, recuerdo que realizamos cuatro. El último fue en mayo en 1925. Nos encontrábamos en Chihuahua cuando a la una de la tarde empezó a circular una extra:

"VILLA ASESINADO". Inmediatamente nos comunicamos a Parral, al Hotel Hidalgo y efectivamente confirmamos la noticia. El único comentario del coronel Nieto fue: "Obregón se salió al fin con la suya. A ver cuanto tiempo le dura el gusto".

--Como ustedes saben, a los cinco años justos, le pasó lo mismo en el restaurante "La Bombilla".

--Ya nos quedamos aquí en Chihuahua a vivir. Mi coronel andaba muy enamorado de Eulalia, la hijita del coronel Córdoba, así que se casaron y vivieron muchos años en una casa por la calle 20 de Noviembre y Séptima. Yo soy padrino de uno de los muchachos, Francisco. Mi coronel falleció en 1952 aquí, en su propia casa y mi comadre Eulalia todavía vivió bastantes años en la misma casa hasta que, no hace mucho, se fue a Los Angeles.

Mi señora y ella, como son comadres se visitan o se telefonean seguido.

--¿No supo si el coronel Nieto alguna vez publicó esas memorias? --preguntó Eugenio.

41

--Jamás se han publicado. De existir, deben estar en poder de mi comadre Eulalia.

--Pues el primer paso para buscar ese famoso tesoro será localizar las dichosas memorias--terció Walther.

--Por lo tanto, don Nicanor, deberá usted volar a Los Angeles lo más pronto posible y dada su amistad con la viuda del coronel, obtener una copia.

--Deben existir, deben existir--contestó pensativo don Nicanor-- recuerdo también que mi coronel era muy afecto a portar siempre una pequeña libreta, como de bolsillo, donde constantemente apuntaba toda clase de datos, pero en forma muy abreviada, además de que tenía una extraordinaria memoria, así es que muy bien pueden venir allí los itinerarios con todos los nombres de los lugares por donde pasamos.

--Manos a la obra pues. Hoy es jueves ¿ qué le parece si sale el domingo? --preguntó Eugenio.

--Ustedes ordenan. Yo de todas formas ya tenía ganas de ver a los nietos.

Días después, un jet volaba sobre la ciudad de Los Angeles y don Nicolás, estos últimos días como nunca, traía a su memoria los azarosos años de la Revolución, con sus penalidades, peligros y satisfacciones.

Recordaba con toda claridad el día en que Villa...

--Estamos volando sobre la ciudad de Los Angeles. En unos momentos más, estaremos aterrizando. Favor de colocar su asiento vertical y ajustar su cinturón. Gracias.

La voz del capitán cortó el hilo de sus pensamientos. Recostada suavemente sobre el Océano Pacífico emergió la populosa urbe, famosa por tantos motivos históricos, políticos, económicos y cinematográficos.

Efrén, acompañado de Niki y Teresita, aguardaban tras los cristales de la sala de espera, confundidos entre la heterogénea multitud que llegaba a recibir familiares, amigos, compañeros de trabajo o socios de negocios.

--Hi--.. fue la informal bienvenida americanizada que los nietos dieron al abuelo entre los consabidos abrazos.

--Don Nicanor, qué gusto verlo de nuevo con nosotros--exclamó muy sinceramente Efrén--, se ve usted muy bien.

--Aparentemente, hijo, aparentemente. Ya la bola de los años se me vino encima. Pero !mira nomás qué grandes están mis nietos! ¿Pos en que año vas ya, Niki?

--Entró a cuarto semestre de College.

--¿Y tú, Teresita?
--Voy a pasar a segundo de College.

--Pero mira nomás qué adelantados y qué crecidos se encuentran. Como de costumbre, les traje sus chongos morelianos.

Una vez afuera del inmenso aeropuerto, diéronse a la tarea de localizar el automóvil de Efrén para emprender el camino a casa.

--Créame don Nicanor, ha sido un gran gusto recibir su llamada telefónica para avisarnos que venía. Se me hace que ya no lo vamos a dejar regresar.

--Quiero que estemos todos juntos para explicarles el motivo de mi visita. --Magnífico, no me diga que ya viene a publicar sus memorias.

--Caliente, caliente, mi yerno. Dentro de unos momentos más tarde lo sabrás. ¿Cómo va tu trabajo, Efrén?

--Bien, me subieron de categoría, ahora soy supervisor general, pero también me han recargado el "overtime".

--¿Qué qué?

--Overtime son las horas extras. Esas las pagan muy bien y sirven mucho ahora que el Niki y Tere entraran al College.

--¿Qué es eso?

--College es algo así como la preparatoria allá. Mire suegro, por ese free way llegamos luego.

--Ya no te pregunto por el "frigüey"porque se que es la carretera moderna, pero precisamente por eso quiero que vayan más seguido a Chihuahua, para que se me "desapochen" un poco.

--Qué más quisiéramos don Nicanor, qué quisiéramos. Usted sin embargo, es testigo de todo lo que yo he tenido que trabajar para sacar adelante la familia.

En algunas ocasiones laboro hasta ochenta y dos horas a la semana. Lo que apenas me sirve para los abonos de la casa y alguna otra cosita, como nuestras vacaciones anuales a la Sierra. --Pues precisamente a eso vengo, hijo; pero para no repetir, cuando estemos en casa les expongo el plan.

--Dios quiera, don Nicanor; créame, esta vida en Estados Unidos no es vida. Aquí es cierto, gana uno dólares, y por eso saqué mi residencia, pero se friega uno mucho para tener una casa decente. Ahora ya se lo he dicho muchas veces. El día que podamos irnos a México lo haremos con muho gusto, y si no nos vamos ahora mismo es sólo porque allá no pagan en dólares. --Mire, por aquí vivimos. Ahora llegamos. ¿A poco hicimos poco tiempo? --Sí hijo, pero manejas demasiado aprisa. --Pero es que aquí tiene uno que manejar a un mínimo de velocidad obligatoria porque los demás automóviles vienen muy de prisa, bueno, ésta es la casa.

Minutos más tarde encontrábase toda la familia de don Nicanor reunida en torno a la mesa. Sabedora doña Paz de los gustos de su marido, eficazmente ayudada por su hija Teresa, había preparado la cena a base de platillos típicamente mexicanos: "chalupas", tacos de pollo con aguacate, frijoles refritos con queso y champurrado. Aún cuando la casa es típicamente americana, su decorado interior acusaba fuertemente los rasgos mexicanistas de sus moradores a través de sarapes, figuritas de Tlaquepaque y una hermosa fotografía de la Cascada de Basaseachic, lo cual, independientemente de su intrínseco contenido estético, denotaba el marcado orgullo del origen de su familia , que como tantas veces representaba también un mecanismo psicológico de defensa frente a la aplastante influencia anglosajona.

Luego de los abrazos de rigor, las preguntas convencionales y el inicio de la sabrosa cena, inició la conversación don Nicanor:

--Bien; seguramente se preguntarán a qué se debe lo intempestivo de mi viaje aquí y seguramente también pensarán que soy un viejo chocho por lo que les voy a contar. Ya muchas veces he relatado mis andanzas en la Revolución.

Fueron muchos los combates en los cuales participamos y sólo un destino superior quiso cuidarme de tantísimos peligros. Pues dos amigos de Chihuahua, o mejor dicho, uno de Chihuahua y uno de Suiza, se han enterado igual que miles de gentes, que mi general Villa dejó no uno, sino varios entierros de oro y plata a fin de seguir su lucha contra de Carranza.

Ellos saben de mi participación en la División del Norte como asistente de mi coronel José Nieto Houston, uno de los hombres de la mayor confianza de mi general, y quien prsonalmente se encargó de llevar a cabo alguno de dichos entierros.

--Pues mis amigos y yo, hemos hecho el pacto de buscar uno de esos entierros que yo personalmente vide con estos mismos ojos que se han de comer los gusanos. Y la verdad es que, no nos caería mal sacarlos.

Yo estoy viejo, jubilado y he cumplido con mi vida y mi familia, pero esas "alazanas"nos servirían para que ustedes regresaran a México y a Pancho también lo saque de apuros. Ahora bien, yo sé donde se enterraron por lo menos "dos conductas", pero han pasado tantos años, ha llovido tanto desde entonces, que necesito de unas memorias escritas en poder de mi comadrita Eulalia, la cual ya una vez me las habían ofrecido para ver si en Chihuahua las publicábamos.

--Efectivamente, me las mencionó, pero había de corregirlas y ponerlas en orden, como sucedieron los hechos, por haber sido escritas muchos años después de terminada la Revolución. Ahora vengo a ver si mi comadrita Eulalia todavía está en lo dicho. Quiero ayudarme de ellas por los nombres de las regiones, pues cuando andábamos en la bola cruzamos muchos pueblos de noche y nos echábamos cabalgatas infernales de madrugada para ir a amanecer a un lugar lejano y pos la verdad, se le reborujan a uno los nombres de tantos sitios.

--Mi comadre vive en la casa de su hijo Francisco--dijo Paz.

--Nuestro ahijado. Mi coronel le fue leal a mi General hasta después de muerto. Para honrar su memoria le puso Francisco a su hijo.

--Nosotros hicimos lo mismo con Panchito--replicó Paz.

--Efectivamente, como nosotros, muchos oficiales de tropas de la División del Norte a sus hijos les pusieron el nombre de nuestro jefe para perpetuarlo y quiero saber por el contrario, cuántos carrancistas a sus hijos le pusieron el nombre de Venustiano.

--Acuérdate Nicanor, un hijo del general Natera se llamó Venustiano.

--¡Ah, sí es cierto! Pero Dios lo castigó porque el muchacho salió de costumbres raras. --Anda Nicanor, no digas eso; el pobre muchacho qué culpa tiene.

--Bueno pues; Paz, comunícame con mi comadrita Eulalia que tengo ganas de saludarla; pero, espérame; debo buscar primero mis lentes pues ya sin ellos no puedo leer nada.

Dos días más tarde, don Nicanor despidióse de su esposa Paz, su hija Teresa, su yerno Efrén y sus nietos Niki y Tere en el aeropuerto internacional de Los Angeles. Regresaba visiblemente satisfecho a Chihuahua con un precioso envoltorio de papel corriente el cual contenía las memorias originales del coronel José Nieto Houston.

Había hablado con absoluta sinceridad con su comadre Eulalia, diciéndole el verdadero motivo de su viaje a California y ella con esa generosidad tan propia, le recordó que años atrás le había puesto a su disposición el legado de su marido agregando que sus mejores deseos eran que alguien aprovechara el documento.

No les había telefoneado a Walther y a Eugenio su retorno, porque deseaba ardientemente, envuelto en su soledad, delectarse durante horas con su lectura, y simultáneamente el recuerdo de aquellos inolvidables y azarosos años tan plenos de dramatismo.

Su sobrino Eleuterio Corral, fue el encargado de recogerlo en el Aeropuerto de El Paso y conducirlo a Ciudad Juárez.

En esta fronteriza urbe, se dirigió a la calle Texcoco 1611 donde vive muy modestamente una admirable mujer a quien había conocido muchísimos años atrás, y a la cual, hallábase vinculado por un respetable y sólido afecto: doña Soledad Seáñez viuda de Villa.

Durante horas fundieron sus recuerdos quienes en muy diversas formas estuvieron ligados al glorioso jefe de la División del Norte.

Una vez más, ella le confirmó los diversos "entierros"tanto de pertrechos como de lingotes de oro y plata, así como "alazanas".

Igualmente trajo a su memoria cuando el coronel Nieto sirvió de testigo en su boda civil con el General. Manifestó también cómo una ocasión su marido le expresó que esos "entierros" hallábanse fuera de la Hacienda de Canutillo, toda vez que a su muerte todos buscarían precisamente el tesoro en la propia Hacienda. Hizo mención también en que una o dos ocasiones salió su esposo de Canutillo tan sólo acompañado de su escolta regresando a los cuatro días provisto de una buena cantidad de centenarios, y al preguntársele en que banco tenía su depósito, había contestado:

--En mi banco subterráneo.

Y sin embargo, en Parral llegó a depositar fuertes cantidades de dinero destinado a la administración de la Hacienda, mismo que a la muerte de Villa se evaporó como por arte de magia.

--Mi marido tenía dinero y armas escondidas, porque toda su vida temió su atentado por parte de Obregón, como efectivamente sucedió, --concluyó doña Chole mientras servía su champurrado.

El tesoro ciertamente existía, y sólo contra la posibilidad de que alguien se hubiese adelantado, en poco tiempo caería en sus manos. Casi pudiéramos afirmar sigilosamente llegó a Chihuahua. El precioso envoltorio de papel de estrasa acompañábalo en todo momento como si fuese su más valiosa posesión. Con verdadera ansia aguardó el momento en que penetró a su modestísima habitación para, con esa misma delectación que el coleccionista de sellos siente al aprehender una cara estampilla tras larga búsqueda, ir desenvolviendo lenta, cuidadosamente el paquete entregado por su comadre Eulalia.

Era un manojo de hojas escritas sin concierto ni orden cronológico; tampoco respetaban mucho las normas ortográficas, pero en cambio, poseían una riqueza incalculable por la fidegnidad de los datos registrados, por los bocetos psicológicos intuitivos y profundos de todos aquellos grandes personajes quienes estamparon su existencia en la historia de México.

Así, en bajo relieve van apareciendo sucesivamente los grandes forjadores de la gloriosa División del Norte, hombres colosales por la grandeza de sus cualidades y defectos, como Toribio Ortega, Pablo López, Martín López, Candelario Cervantes, Baudelio Uribe, Rodolfo Fierro, Ernesto Ríos y tantos más, cuyos cadáveres quedaron flotando en la vorágine revolucionaria.

Estupefacto, fue Nicanor descubriendo es otra faceta interior, profunda, sentimental del coronel, como por ejemplo donde relata el combate de León, cómo casi quedóse atrapado enmedio de las fuerzas de Obregón, y cómo estuvo haciendo fuego a la infantería enemiga, hasta que, en el último instante hubo de montar su famosa yegua "La Coronela", para replegarse enmedio de un nutrido fuego de ametralladoras, hasta varias leguas adelante ponerse a salvo para descubrir como con las tripas de fuera, "La Coronela"echóse sangrante para volver la cabeza lastimeramente implorando ayuda y cómo haríale dicho él a su asistente:

--Mira Nicanor, no tengo valor para rematar a ese animal que me ha salvado la vida. Por favor, encárgate tú de ella...

En otras ocasiones relata los tiroteos contra la vanguardia de la expedición punitiva a fin de distraerlos y desviarlos a las rutas seguidas por los generales Pablo López y Francisco Villa, ambos heridos y en inminente peligro de caer en manos de los gringos.

Cómo fué, que también aquel reducido grupo de unos cuantos cientos de villistas durante cinco largos años mantuvieron en jaque a todo el ejército "constitucionalista"y sólo depusieron las armas hasta después de la muerte de Carranza. Finalmente aparecen, entre líneas, los lugares clave donde Villa dejó sus entierros para sostenerse en esa peregrinación sin destino.

Horas enteras permaneció el viejo villista sumergido en el éxtasis de la lectura de aquellas emotivas letras, donde cada página parecía un girón arrancado a la historia de México.

Fue en la madrugada cuando el fisiológico cansancio de su estragado organismo le venció, después de permanecer ya en su cama leyendo página tras página, hasta quedar plácidamente dormido.

Esa noche, hundido en el mundo de los sueños, volvió a contemplar la imponente figura de Villa cabalgando de nuevo por el dilatado horizonte chihuahuense, galopando hacia él para increparle con la mirada y decirle: Aquí estoy de nuevo, Nicanor. Yo soy la Revolución.

Se han enaltecido mucho las
victorias militares de Villa
en
Tierra Blanca, Torreón,
Paredón y Zacatecas.

5 ———————————— La Justicia de Villa

Tiempos muy duros fueron los que mediaron entre Celaya y Canutillo. Si Villa contempló en la cúspide de su gloria las mieles del triunfo y las aclamaciones delirantes de la multitud, ahora debió probar el amargo cáliz de la catástrofe, y sufrir la desilusión de ver a los mismos que antes lo vitoreaban, ahora perseguirlo con saña por todo el Norte.

Larga jornada fue la penúltima etapa de su carrera, iniciada en los campos de Celaya y concluída con la firma de amnistía con el general de la Huerta cinco años más tarde. Ya no mandará más la poderosa División del Norte; no recibirá medallas ni homenajes, sino andará a salto de mata con unos pocos cientos de hombres leales hasta la muerte, como sucedió con los brillantes artilleros Felipe Angeles, y los hermanos Pablo y Martín López.

Pero en esta etapa, ni pide cuartel y a cada golpe habrá de responder con otro contra ataque sorpresivo en un lugar inesperado, a muchos kilómetros de donde se le suponía.

--Miren nomás, muchachos; cómo es terco este diantre de "Barbas de Chivo"- un día díjoles a los restos de su otrora División.--Ora resulta quesque me va a atrapar aquí en Chihuahua y como ya no puede andar en campaña el mocho perjumado, disque le dió órdenes al general Murguía, mi tocayo Pancho Murguía, para que me aprehenda.

Pero cómo va a estar pelón pa'que se le haga...

--Dice este baboso de Murguía quesque va a "peinar"la Sierra; como si estuviera tan desgreñada.

Y para colmo trae a un ahijado de Obregón, el coronel Casillas, disque muy diablo pa'las guerrillas. Estos curritos del Colegio Militar son mi especialidad. Ellos creen que van a lucirse, pero orita van a ver como, agarrar a Pancho Villa no es tan fácil.

La columna carrancista se compone en esta ocasión de dos mil cuatrocientos hombres quienes por enésima ocasión intentan la captura del Centauro, avanzando por Santa Isabel con rumbo a Guerrero, es decir, adentrándose a territorio villista toda vez que indefectiblemente la inmensa mayoría de los rancheros de esta región, muy especialmente, de donde tantos generales dió Chihuahua a la Revolución, hallábanse emparentados o vinculados por lazos de amistad con los componentes de la División del Norte.

Consecuentemente, tanto a las innumerables columnas carrancistas como a la Expedición Punitiva, no sólo negaron ayuda, sino incluso desinformaron frecuentemente y por el contrario, presentaron todo género de apoyo al guerrillero. Esta vez fue el bravo general Baudelio Uribe el encargado de tender la celada al atildado coronel Casillas. Al mando de una pequeña escolta, busca y toma contacto con la vanguardia carrancista, cambiando tiros inmediatamente para emprender la retirada rumbo a Carretas. El joven coronel ordena la persecución del grupo villista alcanzando a escuchar el retador grito de !Viva Villa!, respondiendo con descargas cerradas de fusilería mientras se aleja el general Uribe por las estribaciones de la Sierra, seguido muy de cerca por la fuerza federal, sin dejar de cambiar disparos en ningún momento. Así entran a una cañada cuando la retaguardia de la columna carrancista empieza a ser fusilada desde lo alto del próximo cerro.

Copados a dos fuegos son sometidos a una verdadera masacre, toda vez que al intentar retroceder, se topa con una lluvia de balas de las fuerzas de Candelario Cervantes y Ricardo Michel. Bien parapetados en las enormes rocas, los villistas con toda tranquilidad se dedican a afinar la puntería en los "pelones", que como ratones aterrorizados no hallan por donde correr, hasta que el coronel Casillas intenta romper el cerco para topar nuevamente con las fuerzas de Baudelio Uribe, redoblando la matanza, por lo cual antes de dos horas las diezmadas fuerzas carrancistas frente a la perspectiva de su total exterminio, optan por la rendición.

--Válgame Dios, así es que es usté el famoso ahijado del mocho perjumado--enfréntase Villa al coronel Casillas--¿Qué tan cierto es que el mocho va a apadrinar su boda con la señorita Escandón el mes entrante?

--Así es, mi General--respondió el coronel Casillas intentanto recuperar su figura--. Si es que usted no me asesina.

--Podría fusilarlos inmediatamente como lo hace Murguía con mis muchachitos, pero no lo hago con usted porque su novia lo está esperando en México y no es justo que se quede vestida y alborotada por culpa de Pancho Villa.

--Muchas gracias, mi General; le debo a usted la vida.

--Un momento, un momento...No lo voy a fusilar, pero creo que sí merece un castigo. A ver, ¿si estuviera usted en mi lugar, que haría conmigo?

El coronel Casillas titubeó, y tartamudeando contestó:

--Bueno, mi General, yo, yo creo que le daría una oportunidad.

--Ah ¿sí? Pos yo también se la voy a dar. Mire amiguito, si usted me da una garantía de que no toma las armas en mi contra, le perdono la vida. De otro modo, aquí mismo lo fusilo; conque... a ver:
¿Qué me responde?

--Mi General; yo, a- a-cepto su ofrecimiento y le doy mi palabra de honor.

--¿Su palabra de honor? No, prefiero sus orejas.

--¿Cómo, cómo dice?

--Sí, sus orejas y las de todos sus muchachitos, van a quedar conmigo en garantía de que no me van a combatir. A ver Baudelio, !a mochar orejas!

--Mi, mi General --tartamudeó el coronel-- me, me permite recordarle que el mes entrante me ca-caso en la ciudad de Mé-México.

--Lo felicito, entonces, pos es muy afortunado, ¿Qué tal si en vez de orejas se me ocurre mocharle otra cosa? !Baudelio!, empieza con mi coronel.

Al principio, pensó el derrotado coronel que Villa estaba bromeando, pero con las manos fuertemente atadas a la espalda, sintió como el general Baudelio Uribe se acercaba con un filoso cuchillo y con la mano izquierda le jalaba el pabellón auricular derecho, mientras que de un rápido tajo, le desprendía la oreja dando lugar a un fuerte chorro de sangre.

Inmediatamente repitió la misma operación con la oreja izquierda mientras decía:

--Ya ve como no dolió..No se preocupe coronel, pa'l año que entra le salen de nuevo como las colas de las lagartijas -díjole Villa a manera de consuelo.

--Lo que ya no salen son los brazos. ¿Verdá que a Obregón no le ha vuelto a crecer el brazo?

--Baudelio, di a los muchachos que te ayuden pos tengo prisa de llegar a San Andrés.

La antiestética tarea de amputar las orejas de cuatrocientos treinta y un prisioneros, se prolongó por un par de horas, mientras el resto de villistas hacía acopio de armas, municiones, caballos y todo género de útiles de campaña para emprender la marcha a San Andrés.

Después de haber liberado a los prisioneros carrancistas, no sin antes despojarlos de montaduras, -y desde luego orejas-, prosiguió el Centauro hasta el sonriente pueblecillo de San Andrés, donde tantos amigos tenía que lo protegían e informaban de los movimientos del enemigo.

Al filo de la madrugada arribó con su gente, dirigiéndose inmediatamente a la casa de Atenógenes Rodríguez, primo hermano del valiente general José Rodríguez, quien de inmediato le brindó hospitalidad, mientras el grueso de sus tropas acomodábanse ya en otras casas amigas, y en la Presidencia Municipal.

Muy de madrugada levantóse Villa. Ya un café negro y caliente le esperaba, servido por doña Chole, mientras se le calentaba el agua para el baño.

Una espléndida mañana era anunciada por los primeros fulgores del astro rey aquel otoñal domingo en que discurría el año 1916.

Las campanas alegres de la iglesia empezaron a desperezar a los somnolientes habitantes del pequeño pueblecillo ahora conmocionado por la visita de la partida villista, la cual después de dos años, aún continuaba desafiando al gobierno federal. Cierto es que para los empobrecidos habitantes, el arribo de las huestes revolucionarias representaba una carga, y sin embargo, se les recibía con gusto porque la mayoría de sus vecinos simplemente simpatizaba con el grupo rebelde.

Además, la arrogancia, el despotismo y los atropellos de los contingentes carrancistas, una y otra vez burlados por el fantasma de Pancho Villa, inclinaba sus preferencias hacia éste.

Una vez tomado el caliente baño, un suculento desayuno a base de huevos con tocino, frijoles con queso y tortillas de harina les aguardaba, pues ya en el zaguán encontrábanse Baudelio Uribe, Ernesto Ríos, Nicolás Fernández y José Nieto. Pasaron todos al comedor.

--¿Y qué hay de nuevo, comadre?

--Pos poco se oye mi General. Sólo las columnas de "pelones"que pasan por el pueblo preguntando por usté, pero ya ve que a nosotros nos disconfían mucho dizque porque San Andrés es pueblo villista, pero lo mismo dicen de Satevó y de Namiquipa y de toda la Sierra.

--Yo nomás oigo que !vienen los changos!, y los encomiendo a San Judas Tadeo.

Aquí al pueblo lo vigilan mucho, !Ah! Por cierto, mi General, la última vez que pasó el coronel Casillas vió un mocoso allá pa'l lado del río, y después de indagar por usté, le preguntó como se llamaba y le contestó que Pancho Villa, y el coronel se enojó y le preguntó al chavo quien era su papá, y le volvió a responder que Pancho Villa, y pos ya todo el pueblo cree que es un recuerdo suyo, mi General.

La mamá es una muchacha llamada Brígida que vive detrás de la iglesia.

--A ver, --responde ya con curiosidad Villa-- Tráiganme a la muchacha y al niño.

Mientras tanto, cavilaban dónde esconder el botín arrebatado al coronel Piñón. Un poco más al sur, iniciábase la Sierra Madre; había un cañón por el cual, transcurría un intermitente riachuelo. Ese sería un lugar ideal.

La aparición de una tímida muchacha llevando un pequeño de cuatro años de la mano, le sacó de su ensimismamiento. Con curiosidad los observó a ambos. No, definitivamente el niño morenito, pequeño, ojos muy negros, escuálido, pelo lacio, no tenía absolutamente ningún rasgo de él. No era suyo. En cuanto a la muchacha, morena, delgada, ojos mustios, desde luego era la primera vez en su vida que la veía.

--Con que este chamaco es mío, ¿verdad?, y además se llama Pancho Villa. ¿Y usté que dijo? Yo me la paso de vacilón y ya que dí mi mal paso le echo la culpa al General Villa, al cabo en cualquier momento lo matan y todo quedó perfectamente cubierto...¿nó?

Pos mire Brígida, si no quiere que inmediatamente le cuelgue, orita mismo me va a decir la verdad, pero toda la verdad...¿Me entiende?

Las lágrimas, mezcla de miedo y vergüenza empezaron a aflorar en su juvenil rostro. Pero Villa prosiguió implacable:

--Manque llore mucho, de todas formas la cuelgo orita mismo si no me dice quién es el verdadero padre desnaturalizado de esta criatura. Con toda seguridad es un hombre casado y como no le pudo cumplir me echó a mí la culpa ¿nó?

Sin dejar de llorar copiosamente y escondiendo la cara, Brígida alcanzó a balbucear:

--Fue, es el papá del niño el señor cura; fue él, también el que lo bautizó con el nombre de usted. Me dijo que a todo el mundo le dijera que usted me había forzado, que al cabo naiden se iba a enterar de la verdad, y que si a usted lo mataban en la Revolución, menos, todavía.

La ira apareció en su cara. Sus ojos brillaron despidiendo chispas.

--Ora sí que la amolamos. Nada menos que el señor cura. A ver tú, Baudelio, tráime a rastras si es necesrio al curita retozón. ¿Cómo se llama?

--Pos de Caballero no tiene nada porque debía casarse. Es más, de todas maneras lo voy a casar con usted, pa'que de una vez registren al niño con el nombre verdadero de Jerónimo Caballero.

--Tú, Nicolás, tráeme al presidente Municipal con su libro de matrimonio y de nacimientos pa'de una vez hacer todos los registros y enderezar las cosas.

No mucho rato después, el general Baudelio Uribe aparecía trayendo al señor cura del pueblo. Era un hombre joven, de aproximadamente veintiocho años, alto, delgado, moreno y no mal parecido, cuyas gafas que portaba dábanle un ligero aire místico e intelectual.

--Conque usté es el padre Caballero, pues sépase que de Caballero no tiene nada, porque en lugar de reparar su falta casándose con esta muchacha, la abandona y de pilón me echa la culpa de sus sinvergüenzadas. Usté con su carita de mosca muerta se la pasa retozando con las muchachas del pueblo, mientras yo ando agarrado a balazos con los carrancistas, y de paso, yo pago con su pecado.

--Pero sépase, que de mí, todavía no hay quien se burle, y en este momento que llegue el presidente municipal se me casa. Yo voy a ser testigo. Y de aquí pa'l real, me va a caminar más derechito que un riel..¿me entendió?

Minutos más tarde, Nicolás Fernández cruzaba el dintel acompañado de don Atenógenes Burciaga, presidente municipal, para dar inicio a la original ceremonia civil en la cual, por supuesto los novios, Jerónimo Caballero y Brígida Chavira, solemnemente fueron declarados marido y mujer después de haber escuchado la histórica epístola de don Melchor Ocampo, firmando como testigos Francisco Villa, Nicolás Fernández, Baudelio Uribe y José Nieto.

Inmediatamente tuvo lugar el registro del niño Jerónimo Francisco Caballero Chavira, repitiéndose las mismas firmas testimoniales en el libro de nacimientos.

Concluida la ceremonia, el padre Caballero sin reponerse del susto habló:

--Mi General, por obediencia y por reparar una falta he accedido. Debo manifestarle que seré eternamente sacerdote y me reintegraré a mi ministerio. De hoy en adelante seré un cura ejemplar.

--Eso sí se lo creo, porque ahora mismo lo voy a capar. !A ver Baudelio, repite aquí con este curita la operación que hiciste con el "Siete Leguas". !Güeno muchachos, se me hace que nos vamos haciendo menos, antes de que se nos vengan los carrancistas.

Veinte minutos más tarde, habíanse dispersado todos los villistas por los cuatro puntos cardinales. Apenas la escolta personal del Ge-neral con una docena de prisioneros debidamente desorejados y conduciendo una "conducta", internáronse una vez más en lo más profundo de la Sierra Madre, atravesando primeramente la Laguna de Bustillos para proseguir hasta Tejolocachic, Temósachic, bordeando los bellísimos paisajes otoñales de verdes valles y azuladas montañas hasta llegar a una pequeña mesa a pezuña de mula, donde finalmente acamparon.

Entre el río y la montaña, ya al crepúsculo, descargaron la "conducta"obligando a los prisioneros a cavar una profunda zanja donde oportunamente quedó enterrado y cubierto con matorrales el tesoro transportado. Una vez cubierta la preciosa carga, nuevamente maniatados los prisioneros con las manos a la espalda después de frugal cena, hicieron el campamento. A las cinco de la mañana apareció por el rumbo opuesto a donde se soponía dormido el General para pedirle a Baudelio una taza de hirviente café.

--¿No se peló ninguno durante la noche, Ernesto? -- No, mi General, se han portado muy bien estos muchachos.

--Miren nomás qué mañana tan bonita nos va a tocar --exclamó el General contemplando extasiado los primeros resplandores del astro rey cayendo luminosos sobre los azulados picos de la áspera montaña--.

Y volviéndose a Baudelio musitó en voz baja, lenta: Lástima que no todos los aquí presentes veamos esta puesta de sol. !Adelante!

Un par de horas prosiguió la caravana bajando montañas con rumbo a Yepómera hasta llegar a un pequeño barranco en que llamó a Baudelio para decirle:

--Bueno, Baudelio; hasta aquí nos acompañan los amigos de don Venustiano.

Entendida la fatal orden, se inició la masacre de los infelices prisioneros, quienes, a pesar de llevar las manos fuertemente atadas a la espalda, intentaron correr, sin poder llegar más allá de unos cuantos metros dado lo abrupto del terreno.

Antes de cinco minutos, una docena de cadáveres yacía en espera de los infalibles zopilotes, mientras Villa, una vez más, volvíase para Carranza como para Pershing, "ojo de hormiga".

6 ————————————— **El Entierro**

Estupefacto igualmente quedó Walther Busch cuando tuvo en sus manos aquel manojo de hojas amarillentas, con la tinta decolorada por la pátina del tiempo, redactadas con la caligrafía de su época y sus muy explicables errores ortográficos, en contraposición a la exactitud histórica de los sucesos grabados.

Independientemente de su valor intrínseco, concentró toda su atención en el itinerario tan minuciosamenten descrito por el coronel Nieto, ya que en él estaba la clave de los diversos entierros del ex jefe de la poderosa División del Norte. Con ese rigor analítico propio de la milenaria tradición helvética, sacó primeramente copia fotostática por duplicado de todo el legado.

Posteriormente vació al mecanografiado el documento; el siguiente paso consistió en levantar planos topográficos de todo el estado de Chihuahua de acuerdo con el recorrido descrito, y finalmente el análisis comparativo de los recuerdos del coronel con todas las biografías de los principales protagonistas de la Revolución.

Las tareas se dividieron; Eugenio fue el encargado de reunir todo lo necesario para la expedición en lugares donde debían hallarse los entierros; Walther encargóse de elaborar el programa de la búsqueda después de haber estudiado exhaustivamente todo lo escrito sobre el tema, incluyendo fuentes norteamericanas; y don Nicanor estuvo a cargo del asesoramiento histórico, así como grabar todas las versiones de los escasos supervivientes de la trascendental jornada, para oportunamente ir vaciando al mecanografiado y procesar dicha información.

Después de tres agobiadores meses se llegó a la conclusión de que por lo menos, en diversas ocasiones Villa llevó a cabo cuantiosos entierros. De estos, y conforme a la información procesada y disponible, únicamente era factible emprender la tarea de la localización de dos de ellos: uno en la Sierra de Santa Ana y el otro cerca de Satevó. La decisión unánime después de prolongada discusión de varias horas, fue la de iniciar primero la búsqueda en la Sierra Madre y posteriormente en un rancho vecino a Satevó. Eugenio, siguiendo su agudo instinto mercantil, aprovechó la oportunidad de adquirir una camioneta tipo Blazer, casi nueva, la cual fue debidamente equipada con todos los implementos necesarios para penetrar a las profundidades de la Sierra Madre. Una espléndida mañana de ese octubre, que al decir de Raúl Cervantes Ahumada.."el otoño convierte en oro las esmeraldas de las hojas, y cuando el viento parece impulsado por desesperado vigor, matorros secos se desprenden de la tierra y sus esferas giran sobre el llano pardo, en la vorágine de una danza sedienta de infinito..", a las 7:45 abordó el disímbolo trío de aventureros el tren Chihuahua al Pacífico, montando unas de las plataformas la flamante Blazer. Un heterogéneo pasaje envolvió a nuestros personajes en el recorrido; rancheros chihuahuenses inconfundibles con sus chamarras de cuero, pantalones de mezclilla, botas tejanas, sombreros Stetson y camisas de cuadros; laboriosos menonitas con sus clásicos pantalones de pechera, mientras sus mujeres envuelven la cabeza en pañoletas blancas las solteras, y negras las casadas, regresando de Chihuahua después de vender sus productos agrícolas; comerciantes sinaloenses interesados en intensificar la corriente mercantil entre ambos estados hermanados por la vía férrea.

No pueden faltar los imprescindibles turistas americanos pertrechados de sus inseperables Kodak para captar todo lo fotografiable sin pasar por alto, desde luego, a los aborígenes tarahumaras, famosos por sus larguísimas travesías a pie, y quienes ahora, resquebrajando la burbuja que los marginaba del secular decurso del tiempo, prefieren hacer el cómodo traslado en tren, ataviados aún en sus folklóricas vestimentas.

Al pasar por Santa Isabel, no pudo don Nicanor dejar de pensar en los norteamericanos injustamente masacrados en ese lugar, mientras ahora sus compatriotas, ignorantes del antecedente, disfrutaban la belleza cambiante de un paisaje que pasa de la flora de la pampa, al bosque de conífera y vegetación caducifolia, conforme va ascendiendo hasta llegar a los dos mil doscientos metros sobre el nivel del mar, con su diversidad de fauna correspondiente, pues en el fondo de las ba-rrancas pulula el jaguar, mientras en lo alto se encuentra puma, oso plateado y nutria. Al arribar a la estación de Pichachi, hicieron descender la camioneta para proseguir en ella la búsqueda. Alrededor del mediodía abandonaron la vía acerada para internarse en la Sierra a vuelta de rueda por los desolados parajes de la montaña, intentando apegarse al itinerario del guerrillero.

Al volante va Eugenio llevando a su diestra a don Nicanor, quien intentataba reconstruir mentalmente los avatares revolucionarios de varias décadas atrás. No avanzaron muchos kilómetros por esas tortuosas sendas, cuando la luz fue haciéndose más tenue y dar lugar a la aparición de las primeras estrellas sobre el firmamento, lo cual los obligó a dar por concluída la jornada y levantar el campamento bajo la dirección experta de don Nicanor, quien reconoció el terreno hollado en aquel convulso pretérito.

Al calor de la fogata sentáronse a preparar la cena aderezada por la constantemente interesante charla de don Nicanor, quien una vez más, extrajo del íntimo arcón de sus recuerdos aquellas estampas en que los ideales hubieron de trastocar el viejo orden a través de la violencia.

Noche ya, fue languideciendo la fogata alimentada con secas ramas de encino, en tanto una bóveda celeste escoltada por un enjambre de brillantes estrellas, lo cual aprovechó el viejo revolucionario para impartir cátedra sobre astronomía práctica, es decir, como todo buen ranchero debe saber leer el mapa celeste y guiarse por el fulgor sideral.

Así explicó, llevó Villa aquellas increíbles correrías nocturnas para caer sorpresivamente sobre algunas desprevenidas y distantes plazas. En pleno relato, "cuando Villa se dirigía a Torreón..."don Nicanor bostezó, cerró los ojos y se quedó profundamente dormido, a pesar de que sus compañeros delicadamente lo acomodaron en su bolsa de dormir.

Con los primeros rayos del astro rey rasgando el velo de la madrugada y el multívoco coro de las aves silvestres, despertáronse los tres expedicionarios, disponiéndose a preparar una taza de hirviente café negro, como preludio del apetitoso desayuno compuesto por huevos con jamón y frijoles refritos en el inconfundible aroma matinal desprendido por la resina de los pinos serranos.

Walther Busch consultó por encima de los mapas, referencias e itinerarios y tras rápida consulta con don Nicanor, continuaron lentamente por la abrupta superficie montañosa buscando siempre el más practicable paso.

Paulatinamente, casi penosamente, van avanzando mientras la escrutadora mirada de don Nicanor pretende reconocer el maravilloso escenario abierto una vez más en su perspectiva, respirando la belleza serrana.

Pocos espectáculos más imponentes y grandiosos puede ofrecer la Madre Naturaleza que una tormenta en lo alto de la Sierra. Y eso precisamente fue lo sucedido. Al filo de la una, negros nubarrones van acumulándose en lo alto de los cantiles lo cual permite a don Nicanor presagiar la inminente tormenta y así lo comunicó a sus socios.

--Vamos a tener una buena lluvia-- adelantó. Ahora van a ver lo que es esta agua. Miren aquellos guajolotes volando. Eso anuncia el agua.

En efecto, los prismáticos del suizo se enfocaron hacia la ladera opuesta y en ellos logró percibir una parvada de obesos guajolotes silvestres, refugiándose en las bajas ramas de un robusto pino, mientras el cielo era oscurecido por grises nubes bajas. A su vez, mucho más lejos, podía verse caer el agua sobre el campo.

Pocos minutos después, un poderoso rayo rasgó el manto de nubes para precipitar gruesos goterones sobre el cristal de la camioneta.

--!Sturm! --gritó Walther--, olvidando que sus acompañantes no comprendían el idioma de Goethe.

En pocos segundos, toda una sinfonía celeste atronó el espacio con las descargas eléctricas, desgajando los encinos, lloviendo a cántaros durante gran parte de la tarde.

Repentinamente escampó.

Un bellísimo espectáculo ofreció la Sierra con el cielo nuevamente esclarecido, el aroma a tierra húmeda y centenares de arroyuelos formándose por doquier y la vida silvestre reanimándose de nuevo.

Fue, sin embargo, absolutamente imposible avanzar ahora que la tierra seca si bien había recibido la bendición pluvial, se convertía en una masa fangosa haciendo resbalar peligrosamente la camioneta al bordo de los constantes precipicios, por cuya razón decidieron prudentemente acampar.

--Se me hace que a la noche volveremos a tener tormenta--exclamó don Nicanor.

--Aprovechemos pues, para encender una fogata y preparar la cena--opinó Eugenio.

--Los animales siempre avisan cuando va a llover. Otra vez empiezan a juntarse nubes--replicó el veterano bostezando.

Concluída la cena prepararon sus bolsas para dormir.

Apenas habían conciliado el sueño, hizo su presencia el rayo anunciando la tormenta, despertándose inmediatamente y obligándoles a refugiarse dentro de la camioneta desde donde pudieron contemplar el extraordinario espectáculo de la nocturna tormenta cuyas frecuentes descargas eléctricas eran suficientemente poderosas para iluminar la Sierra.

Casi toda la noche estuvo lloviendo copiosamene, lo cual humedeció las esperanzas de proseguir al siguiente día hacia su objetivo.

Un luminoso sol les despertó por la mañana, permitiéndoles contemplar el fresco panorama de la Sierra escampada saludada por los pájaros carpinteros verticalmente adheridos a los pinos, y los colibríes agitando sus iridiscentes alas en torno a la policroma flora silvestre, no lejos de unas juguetonas nutrias bañándose en el vecino riachuelo.

--!Nutrias! --exclamó alborozado Walther--, !jamás imaginé existiesen en estas latitudes!

--Claro que sí--replicó el anciano--. Los rancheros las llaman "perros de agua", y abundaban antes no sólo aquí, sino en Ojinaga y Cerocahui, pero ahora los ejidatarios por poco y se las acaban.

--Sí, esto está bonito como espectáculo, pero está fatal para continuar -dijo Eugenio.

--No sólamente no podremos avanzar gran cosa, sino al intentarlo nos arriesgamos a un accidente --contestó Walther.

--¿Qué tan lejos nos hallamos aún? --preguntó Eugenio.

--A una jornada a caballo, pero en esto es muy difícil precisar.

--¿Qué sugiere? --preguntó.

--Tomar las cosas con calma--contestó don Nicanor--. A lo mejor ronda por aquí el espíritu de Villa y no quiere que saquemos su entierro.

--No me vengan ahora con supersticiones como la de Tutankamón--exclamó Busch.

71

----A ese señor no lo conozco, pero sí le aseguro que mucha gente ha visto en la noche cabalgando al general Rodolfo Fierro.

--¿Usted lo conoció?

--!Claro que sí! Por cierto me tocó presenciar una cosa muy curiosa. Cuando estábamos en el sitio de Zacatecas, una noche apareció en nuestro campamento una gitana, de esas que echan las suertes y predicen el futuro, pues bien, a un subteniente llamado Jesús Urbina le dijo que al día siguiente moriría, y si viera que así sucedió, pues en eso estaba cuando llegó mi general Fierro, uno de los hombres más valientes y aguerridos de toda la División, pero muy incrédulo, y cuando vió a la gitana, dijo:

--A poco le creen a esta vieja argüendera?

Entonces el mayor Mena le dijo: "Mi general, arrímese y deje que le echen la suerte".

--Yo no creo en nada de eso, pero les voy a dar gusto --replicó Fierro y extendió su mano derecha--. Le preguntó a la gitana: A ver, ¿dime que ves?...

La vieja le miró largo rato, su semblante se puso duro y con grave voz, lentamente le dijo:

--Veo sangre, mucha sangre en esta mano; tus manos se hallan tintas de sangre. Veo también cerca, muy cerca de tí a la muerte. Veo a mucha gente qe te quiere quitar la vida, caerán muchos a tu alrededor. Tú buscar la muerte, pero ningún hombre, repito, nadie te matará a tí. Veo agua a tu alrededor.

!Vaya! --comentó alegre Fierro--.Mañana mismo me aviento al frente de mis muchachos contra los huertistas, y si me matan, vendré en las noches a jalarte las patas.

--Como bien saben, se cumplió la profesía. Nadie fue capaz de matar a Fierro. Fue su destino superior el que lo hundió en la Laguna de Casas Grandes.

--Pues agua alrededor también tenemos nosotros aquí. Nuestra situación es muy diferente de la de Fierro--comentó Eugenio.

--El cielo ya está despejado.Así son las tormentas de la sierra. Vienen de repente y de repente se van. Me parece lo mejor hacer nuestro campamento mientras el sol seca el camino y mañana temprano continuar. Además, podemos salir de cacería, ya vieron los guajolotes, también abunda el venado por aquí.

--No hay otra alternativa--anunció Busch--. Lástima que no traigamos rifles.

--Pero con pistola también se puede cazar. Yo le tengo mucha fe a esta 38 especial; si viera qué buenos resultados me da con parque expansivo. Vénganse, quien quita y hasta se nos haga con un venadito.

Las consecuencias de la tormenta de la noche anterior no estaban a la vista. No sólo se percibía el fresco de la mañana, sino el aroma de la tierra mojada mezclado con la resina del bosque. El agua caía en lo alto del macizo montañoso y escurría formando innumerables arroyuelos y charcas, donde se reflejaba el sol y el alegre gorjeo de los pájaros parecía celebrar la llegada de las lluvias.

Sorprendente era observar a don Nicanor.

A su avanzada edad, desplazarse a través de aquellos lodazales oteando el horizonte cuidadosamente, con esa escrutadora mirada largamente educada en el ambiente de la naturaleza salvaje, pendiente del más insignificante signo de vida animal.

Repentinamente alzó la mano izquierda en señal de alto, Luego señaló un trecho lodoso el cual, nítidamente se percibían unas grandes huellas. En voz baja exclamó don Nicanor:

--Oso, oso plateado bastante corpulento. Anoche pasó por aquí, pero no debe andar muy lejos.

--¿Y si nos ataca? --preguntó Busch.

--El oso nunca ataca, a no ser para defenderse. Y del hombre siempre huye. Antes, hasta los lazábamos.

Siguieron bajando por una ladera y después de un par de horas de caminar hizo un alto don Nicanor.

--Miren, mucha huella de venado y de guajolote. Estos andan por aquí. No mucho rato, señaló el veterano un pequeño punto en la lejana ladera opuesta.

Walther enfocó los prismáticos para descubrir un par de venados de cola blanca.

--!Ahí están los venados!

--Sí, pero demasiado lejos para nuestras armas.

Sólo podemos hacer fuego si los tenemos al alcance de las pistolas. Estos animales están a más de ochocientos metros. Mejor bajemos a ese vallecillo.

Apenas habían echado a andar cuando el anciano hizo otra señal.

--Ahí están.

--¿Qué cosa? --preguntó Busch.

--Los cóconos.

--¿Dónde?

--Ahí.

--No los veo.

--Ni yo tampoco--intervino Eugenio.

--Espérense y verán

Lentamente amartilló su pistola levantándola y oprimió el gatillo.

Con el estruendo del disparo, una parvada de guajolotes salió huyendo haciendo gran alharaca, mientras uno de sus compañeros caía pesadamente de la rama de un pino, mortalmente herido por la bala expansiva.

--!Ya cayó!--exclamó alegre Eugenio.

Tendremos una buena merienda. Cuando andábamos en la bola, muchas veces estos cóconos silvestres nos mataron el hambre. Ya ven, no hay mal que por bien no venga.

--Pero, ¿Cómo lo vió, si estaba escondido entre las ramas del pino? --quiso saber Walther.

--Luego lueguito lo devisé.Si uno ha andado por el campo, se acostumbra la vista a encontrar cualquier señal de vida, por escondida que esté. Por eso los de la ciudad, vienen y aunque pasen cerquita de los animales, no los encuentran. Esta cualidad fue la salvación de mi General Villa en numerosas ocasiones. El podía percibir un pelao a muchos kilómetros de distancia, y también se sabía esconder en el campo. Por eso nunca lo hallaron los gringos.

Con el trofeo de caza bien asido por las patas, cargado a las espaldas de Eugenio, retornaron felices al campamento.

Una alegre fogata rostizó al filo del mediodía el suculento pavo para doble satisfacción cinegética y gastronómica de los aventureros.

La tierra empieza a secarse. Mañana al amanecer nos dirigiremos hacia nuestro objetivo. Si la suerte nos sonríe, dentro de veinticuatro horas seremos millonarios --propuso Eugenio.

--Aprovecharé la tarde para estudiar estos mapas-- anunció Walther.

--Descansemos, pues, por hoy--agregó Eugenio.

Apaciblemente transcurrieron las horas de la tarde.

El sol tramontó los inmensos acantilados, dando lugar al parpadeo del lucero de la mañana acompañando a una luna llena en el vasto espacio sideral. La ilusión de hallarse próximos al inmenso tesoro aguardándoles no lejos, era demasiada intensa para permitirles dormir tranquilamente.

Internamente, cada uno hacía sus propios planes para el porvenir.

Eugenio planeaba agrandar desde luego, su negocio, adquiriendo la esquina adjunta, mas no sin antes aceptar la invitación de Walther de visitar Zurich; desde luego echar "una cana al aire"en París. Podría también adquirir una nueva residencia en San Felipe con piscina y hacerse socio del Club Campestre. Todo dependía de la cantidad que le tocara. adquirir acciones de la banca suiza, sin dejar de ejercer su profesión de geólogo. Sin embargo, incluía en sus proyectos regresar anualmente a México y destinar parte de sus inversiones en la explotación minera.

No menos importante de todos sus proyectos era formalizar sus relaciones con su bellísima amiga Tamara Blau, y en su oportunidad, formar un hogar con ella.

Don Nicanor también, a pesar de su edad, abrigaba ilusiones. Desde luego no le quedaban muchos años de vida, pero los que el destino concediese, deseaba transcurrirlos con su esposa, su hija, su yerno y desde luego sus nietos. Uno de los hijos de aquella gesta, Andrés Rivera, le proponía en venta una hermosa heredad en Santa Isabel y albergaba el deseo de adquirirla y vivir en ella rodeado de los suyos.

Arrullados por sus ensueños, fueron entregándose en brazos de Morfeo, mientras los últimos rescoldos de la fogata iban apagándose en el silencio de la noche.

Otro amanecer pletórico de esperanzas les despertó desde temprano. La tierra habíase secado casi completamente y la camioneta podría continuar su viaje, tras el opíparo desayuno debido al guajolote cazado el día anterior.

Fueron descendiendo por veredas no exentas de peligro, hasta llegar a un primoroso vallecillo en el cual juntábanse dos arroyuelos provenientes de opuestas laderas.

---En este valle acampamos tras el asalto al tren-- recordó don Nicanor. Desafortunadamente el paso de la camioneta por la cañada era absolutamente imposible y hubo de detenerse.

Aquí podemos acampar. Ahora podremos caminar una jornada a pie hasta llegar al cañón donde debe hallarse el entierro.

Descendieron de la camioneta, cargaron sobre sus espaldas las mochilas y guiados por el veterano, echaron a andar por una estrecha cañada durante varios kilómetros, haciendo los altos necesarios para tomar un breve descanso y consultar los mapas.

Nuevamente cargaron su equipo y prosiguieron a través de la prolongada cañada hasta desembocar a un puertecillo con vista allá en lontananza un bellísimo valle cultivado con huertas de manzanas, mientras a la derecha un enorme cantil contemplando impasible el transcurso de los siglos, dominaba el dilatado panorama.

--Aquí es!--exclamó jubiloso Nicanor.

La hermosura de este valle no puede confundirse nunca. Desde luego antes no existía aquel huerto de allá abajo, pero recuerdo este lugar como si fuera ayer.

--¿Qué hora es? --preguntó Eugenio.

--Faltan siete minutos para las seis, respondió Walther.

--Haremos el campamento y mañana muy temprano iniciaremos la exploración --sugirió Eugenio.

--Estoy seguro que en ese cantil está la cueva con el entierro --agregó el viejo villista.

--De cualquier forma, hoy es demasiado tarde para iniciar los trabajos. Además, me parece que nos merecemos un descanso --finalizó el suizo.

Una vez más, hicieron su pequeño campamento alrededor de la fogata para calentar la bien ganada cena amenizada con la entretenida charla del ex asistente del coronel José Nieto Houston.

La idea del súbito enriquecimiento, fue cobrando caracteres de obsesión en los tres. Circunstancialmente unidos en una aventura que podría desembocar en un tesoro, cada quien se imaginaba rico y poderoso, y se preparaba para asumir su nuevo papel en la sociedad.

Cada día hallábase más cerca del tesoro, porque éste aguardaba allí, al pie del impresionante acantilado, según todos los datos reunidos, además de la versión del propio Nicanor, quien lo había visto y transportado.

La última noche antes de iniciar los trabajos, el entusiasmo habíase apoderado de sus espíritus, pues no se hablaba de otra cosa ya, sino de cómo distribuiría cada uno su parte. Daba la impresión de que el alma de Pancho Villa vigilaba cuidadosamente cada uno de sus movimientos, ya que hasta muy de madrugada, pudo el veterano conciliar el sueño.

Una gélida mañana con la escarcha de los primeros augurios invernales, despertó la ambición de alcanzar su meta. Luego de condimentar un caliente y sabroso desayuno, dirigiéronse al impertérrito acantilado que dominaba todo el valle.

--Mi coronel Nieto me relató que al pie de esta montaña había una cueva, donde estuvo escondido mi General cuando vino la punitiva. Estaba muy oculta porque además de no poderse divisar de frente, los encinos la tapaban. Estoy segurísimo de que ahí está el entierro.

--Todo coincide con las descripciones de Nicolás Fernández-agregó Busch--. En una entrevista publicada en una revista de la ciudad de México habla exactamente de esta cueva donde se ocultó Villa; y también habla del entierro, mas cuidándose de dar expresamente su ubicación. Esto es suficiente. El resto corre a cuenta de la tecnología suiza.

Un enorme macizo pétreo erguíase orgulloso frente a ellos. El géologo suizo lo observó cuidadosamente comparando su topográfica extensión con los documentos en sus manos.

Con esta maravillosa joya de la ciencia helvética, vamos a dar con nuestro tesoro, explicó al tiempo que extraía una pequeña caja metálica con antenas retráctiles.

--Àhora van a ver. Si aún está allí, en pocas horas estará en nuestras manos. Iniciaremos la exploración por el lado norte. Con oprimir este botón, empezará a trabajar y en cuanto perciba una cantidad de metal considerable, nos avisará y conducirá directamente. Ustedes me pueden ayudar a manejarla mientras cotejo los planos.

Lentamente fueron avanzando en semicírculo en torno a la montaña, pendientes del más pequeño zumbido del detector de metales. Sólo el suave susurro del viento escuchábase al filtrarse entre las ramas de pinares y encinos llevando su vital hálito a la fauna circundante, mientras allá en las alturas una águila planeaba majestuosamente en círculos, escudriñando el amplísimo escenario en búsqueda segura de alguna presa.

Algo más de dos horas llevaba el detector encendido, cuando un leve zumbido sacudió simultáneamente el ánimo de los tres.

--!Ahí está!--gritó Eugenio.

--Les dije, les dije que aquí se encontraba el tesoro de mi Ge-neral; si yo lo vide--prorrumpió Nicanor.

Con mayor serenidad indicó Walther:

--Esta maravilla nos guiará directamente.

En efecto, el visor fue señalando cómo seguir un invisible hilo electrónico en una dirección determinada, justamente al pie del farallón. Aceleraron el paso a través de la tupida vegetación mientras el zumbido hacíase más nítido y las agujas oscilaban contínuamente, hasta llegar a la roca misma.

--Amigos míos --dijo solemnemente Walther al tiempo que apagaba el detector --!Tengo el agrado de comunicarles que hemos dado con el tesoro de Villa!

Gritaba Francisco Villa
en la Estación de Calera:
Vamos a darle la mano
a Don Pánfilo Natera...

Ya tenían algunos días
que se estaban agarrando
cuando llega el General
a ver que estaba pasando...

Estaban todas las calles
de muertos "entapizadas"
y las cuadras, por el fuego,
todititas destrozadas.

7 ——————— Los Motivos de Villa

--!Miren nomás estos gringos desgraciados! !Cómo serán convenencieros! Cuando mis tropas andaban de triunfo en triunfo, cuando la División del Norte se cubría de gloria al derrotar a todos los ejércitos federales, acuérdense como me cubrían de elogios y agasajos.

Entonces decían que yo era un genio, y que era el Napoleón mexicano y quién sabe cuántas cosas más. Hasta Obregón me miraba con celo al escuchar tantas lindezas sobre mi persona. Por suerte yo siempre los ví con desconfianza. Y si me dejaba yo querer, pos la verdad era que pensaba para mí que los necesitábamos para el parque y las armas y pa'ser francos ya hasta me estaban cayendo bien.

Y también cavilaba que cuando esto se acabara, aceptar la invitación de Maytorena pa'Los Angeles, manque fuera unas vacaciones.

--!Pero míralos qué mustios. Bajita, bajita la mano intervinieron con Huerta en el asesinato de Madero y ora que me ven perdido me voltean la espalda a mí, que creí en ellos, que siempre fui leal y decente con ellos.

--!Ah, pero les juro que no se van a burlar de mí! No se conforman con arrebatarnos la mitad de nuestro territorio, con intrigar para matar a nuestros presidentes y con ocupar los puertos mexicanos cada vez que les da la gana.

Ahora quieren poner y quitar presidentes a su antojo.

--Y todavía no conformes siguen llegando a explotar nuestras minas, para llevarse nuestro oro y nuestra plata, como los gachupines lo hicieron durante tres siglos.

--Esto de echarnos los reflectores encima para que nos disparen más a gusto nuestros enemigos no se los voy a perdonar jamás. No sólo eso, además, los voy a castigar. Ese es un crimen que no debe quedar impune. Ellos si pueden venir a México cuando quieren y hacer lo que quieran con nosotros, y los mexicanos nomás de babosos aguantando y aguantando.

--No, compañeritos. !Eso sí que se acabó! !Ora van a saber estos güeros quien es Pancho Villa!

Con el semblante descompuesto, las recias mandíbulas fuertemente apretadas, los puños crispados, la mirada despidiendo chispas de odio, paséabase lentamente de un lado para el otro gesticulando y vociferando como un león herido.

Después del desastre de Agua Prieta en que la derrota era atribuída a la decisiva intervención americana en favor de Carranza, Villa reagrupó sus contingentes en el estado de Chihuahua, donde siempre se sintió más seguro.

--Muy bien; estos gringos desgraciados creen que me voy a quedar cruzado de brazos por su última tanteada de mandarnos un parque sin pólvora, el que usamos en Celaya y de paso quedarse con el dinero enviado, pero ahora mismo empiezan las de al revés.

--Viene un tren de Chihuahua a Cusihuiriachic con varios gringos. Ya les advertí que no quiero ni un solo americano en el estado de Chihuahua, así que ahora al desafiarme se van a atener a las consecuencias.

Ellos se creen protegidos por los carrancistas. !Ahora vamos a ver si es tan efectiva esa protección!

Aquella gélida y hermosa mañana invernal de 1916, la locomotora se desperezó despidiendo sonoros chorros de vapor mientras los pasajeros abordaban lo que debiese ser el ferrocarril Kansas City-México-Oriente, para saliendo de la capital del estado, llegar hasta la Estación Creel, en lo alto de la Sierra Madre.

En esta ocasión especial viajan desde El Paso, Texas, dieciseis norteameericanos con objeto de trabajar en la empresa "Cusi y Anexas", fundo minero propiedad de los americanos. El viaje ha sido alegre y placentero en su primera etapa Ciudad Juárez-Chihuahua, sin el menor incidente, por lo cual la alegría envuelve al jovial espíritu de los extranjeros quienes se divierten mascando nuevas palabras en español.

Acompáñalos un joven alto, blanco, de verdes ojos y lampiña faz, cuyo perfecto acento de inglés podría fácilmente confundir a cualquier interlocutor. Y es que Manuel Bonifacio Romero ha estudiado desde adolescente en El Paso, lo cual explica su dominio de este idioma.

Además Bony sirve de traductor-guía y maestro al grupo anglosajón. Para asegurar la tranquilidad de la expedición unas horas antes, el general Obregón en un banquete ofrecido en El Paso, le había solicitado al Cónsul mexicano salvoconductos para el grupo, asegurando que el estado hallábase en completa paz, y Villa debía estar escondido en alguna cueva pero no tardaría en ser aprehendido.

Un fresco vientecillo desparramábase por la dilatada pampa color dorado.

En tanto, la máquina pujaba al iniciar el paulatino ascenso hacia la Sierra. El astro rey, después de desprenderse trabajosamente de un espeso banco de nubes, empezó a obsequiar sus áureos rayos a la plácida campiña norteña para hacer más grato el juego de naipes imprescindible en todo buen ferrocarril.

Así, alejáronse de Chihuahua y no mucho después arribaron al pintoresco poblado de Santa Isabel, donde se hizo un breve alto. Instantes después prosigue su marcha el acerado convoy. Bonifacio Romero va particularmente feliz con su nuevo empleo en la mina de Cusihuirachic, pues con él, prácticamente tiene asegurado su porvenir.

Además, siente sincera simpatía por estos americanos que lo acompañan, muy especialmente hacia el gerente mister Charles Watson y Thomas Holmes.

Como si esto fuera poco, había conocido una bella muchacha con la cual, seguramente contraería matrimonio en un próximo futuro. Así pues, la vida le sonreía en toda su plenitud.

No bien habían recorrido unos ocho kilómetros desde Santa Isabel, la máquina empezó a frenar lentamente.

!Hay un descarrilamiento adelante! Alguien gritó.

Apenas se hubo detenido la máquina, una infernal balacera empezó a escucharse por ambos lados de la vía, lo cuál obligó a los atemorizados pasajeros a echarse sobre el piso de los carros, mientras las carabinas hacían estallar los cristales de las ventanas.

De repente cesó el tiroteo e instantes después la inconfundible figura de un villista de alta graduación, penetró en el carro, carabina en mano gritando:

!Manos arriba!

Mientras los aterrorizados pasajeros se apresuraban a obedecer, llegó una segunda orden:

!Los ciudadanos americanos, tengan la bondad de descender!

En un instante, Bonifacio comprendió la situación. Afortunadamente los extranjeros disfrutaban de ciertos privilegios derivados de la protección de sus respectivos gobiernos, en el caso particular, de los Estados Unidos. Se congratuló del perfecto inglés aprendido en El Paso, y cuya circunstancia le salvaría la vida en estos momentos.

Confundido y caminando entre Charles Watson y Avery Couch, tomó su equipaje y descendió a la fría pampa serrana para ser formados en línea a espaldas del ferrocarril.

Montando en corcel tordillo apareció la imponente figura del general Pablo López caracoleando frente al grupo para increparles:

--Los Estados Unidos han intervenido cada vez que se les antoja en los asuntos de México. Por culpa de su gobierno nos hicieron una masacre en el combate de Agua Prieta echándonos reflectores enmedio de la obscuridad para que los carrancistas nos cazaran como venados. A mí mismo, me agujeraron el sombrero. Ustedes creen que porque son gringos nadie los va a tocar, pues ya verán como sí.

Hasta ese instante, comprendió Bonifacio Romero su fatal e-rror. Si se hubiese quedado con los pasajeros mexicanos, aún estaría seguro a bordo del tren.

--!Un momento! gritó desesperado--!Yo no soy gringo!

--Cómo de que nó; si usté mismo hasta me habló en inglés. Entonces, quiso engañarme para ponerse a salvo, pues ahora escogió ser gringo y como gringo se muere.

Uniendo la acción a la palabra echó mano a la carabina 30-30 y un disparo retumbó en la Sierra como un rayo solitario, mientras las risueñas esperanzas del joven géologo agonizaban junto a él.

En ese instante, Watson, Hatton y Holmes aprovecharon para echarse a correr entre los silbidos de las balas para caer los dos primeros con el cuerpo acribillado, mientras el último se tropieza haciendo creer a los villistas que también había sido alcanzado por las carabinas, por lo que logró arrastrarse entre los matorrales hasta el río para proseguir dejándose llevar por la corriente hasta un lugar seguro.

Mientras tanto, el general Beltrán se apodera de poco más de seis mil pesos del express, antes de permitir al ferrocarril regresar a la ciudad de Chihuahua a dar la infausta nueva.

Villa aún hallábase furioso contra Samuel Rabel, judío americano comerciante de Columbus, a quien habíale enviado el equivalente de doscientos veinticuatro mil dólares para la adquisición de pertrechos, desde antes del combate de Celaya.

Aún así, sabiéndose traicionado por el susodicho Rabel, envió Villa a un propio con un recado de su puño y letra, cobrándole el dinero enviado "que mucho necesitaba para el sostenimiento de sus tropas".

Pero los ojos de Samuel Rabel brillaron de codicia.

Doscientos veinticuatro mil dólares era una respetable cantidad de dinero. Además, circulaba la noticia de la derrota del Centauro, y por si fuese poco las declaraciones de Obregón en el sentido de que Villa debía hallarse escondido en una cueva, y de un momento a otro sería capturado y pasado por las armas, por lo cual quedaría definitivamente concluído el negocio.

Así fue como al presentarse el propio con el recado, Rabel contestó requiriendo el recibo correspondiente de dicho dinero como condición indispensable para poder hablar. Y cuando se le dijo por segunda ocasión que no se encontraba dicho recibo, negóse terminantemente a seguir hablando, diciéndole finalmente que viniese personalmente Villa a cobrar su dinero.

--¿Así que quiere que yo personalmente vaya a Columbus a cobrar mi dinero? !Pues iremos! --rugió la fiera.

La columna villista compuesta por cuatrocientos ochenta y dos hombres, cruzó la frontera a las cuatro de la mañana del día 9 de marzo de 1916.

El General Villa se quedó en la línea divisoria con una pequeña escolta para proteger la retirada mientras Pablo López dirigíase al cuartel, en tanto su hermano menor Martín, se encaminó al negocio de Samuel Rabel y al hotel Comercial adjunto donde éste se alojaba.

La carátula luminosa del reloj de la aduana marcaba las cuatro veinte, cuando recibió el primer balazo. Como un huracán cayeron las fuerzas del guerrillero sobre la población en plena madrugada gritando !Viva Villa! !Viva México!

La población despertó sobresaltada ante la infernal balacera enmedio de la oscuridad.

8 ──────────────── El Hallazgo

Muy temprano al rayar la aurora, empezó la excavación en el área marcada por el detector de metales después de una minuciosa exploración geológica de parte de Walther, procurando descubrir la cueva en el enorme monolito.

Una ligera llovizna, propia de la estación otoñal, dificultó los trabajos. Un febril entusiasmo apoderóse de los tres y a pesar de los negros nubarrones cerniéndose en el horizonte, como dotados de insospechadas energías proporcionadas por la ambición, continuaron las excavaciones de acuerdo con los señalamientos realizados por la experta dirección del suizo.

--¡Aquí está!--al "pardear" la tarde, el pico de Eugenio había dado con algo duro-- ¡Vengan; ya dimos con él!

--¡Bravo! -fue la eufórica respuesta de Busch al percatarse del hallazgo.

Redoblado entusiasmo, al unísono prosiguieron la excavación hasta darse cuenta de que una figura rectangular cobraba forma bajo sus pies.

--¡Este es! exclamó Nicanor.

Bien, señores--dijo en tono solemne Walther --, parece ser nuestro tesoro. Mas no debemos perder la serenidad. Antes de una hora nos invadirá la noche. Estimo lo más prudente suspender nuestros trabajos por hoy, y guarecernos de este "chipi chipi", como dice Nicanor.

--De acuerdo, repuso Eugenio-- Mañana antes de mediodía estarán en nuestro poder todas las cajas. Lo pesado será en todo caso su traslado a la camioneta.

--Lo haremos en la misma forma en que fueron traídas--intervino Nicanor--. Yo me ofrezco a bajar al rancho "Ël Tecolote"y conseguir tres mulas como las que trajeron las cajas; o sea, nos las llevamos en la misma forma que las trajeron.

Para los tres fue agitada la noche. En primer término la lluvia persistió, aunque ligera toda la noche, pero sobre todo, la perspectiva espléndida del tesoro era demasiado potente, obsesionante, como para poder conciliar tranquilamente el sueño.

Las ilusiones acrecentábanse en sus agitadas mentes formando caleidoscópicos sueños de grandezas al obtener tan súbita riqueza.

No apareció el sol al día siguiente. Espesas nubes pardas deslizáronse en lo alto, amenazando al rugir del primer rayo.

Con esa experiencia otorgada por la vida campirana, Nicanor después de escudriñar el cielo, frunció el arrugado ceño para predecir:

--Parece que se nos viene el agua. Mejor es que me vaya apurando. A una jornada de aquí se llega a El Tecolote.

--Aquí lo esperamos don Nicanor. Aunque quisiéramos, no nos podemos ir sin usted.

Se caló su tejana, abrochóse la chamarra y luego de apurar una taza de caliente café negro, echó a andar rumbo al verde valle aparecido en lontananza, despidiéndose de sus amigos.

--Si Dios me presta vida, para mañana al pardear la tarde me tienen de vuelta.

Cuidadosamente fue bajando por aquellos peligrosos relices hasta bastante después del mediodía alcanzar el huerto manzanero contemplado desde los acantilados.

"Donde hay huerto, hay casa; donde hay casa, hay gente"- pensó don Nicanor.

Continuó caminando hasta llegar a la rústica casa del huerto, mas no había señales de vida. No aparecía humo de la chimenea y aguzando el oído sólo pudo escuchar el modesto zumbido de los tábanos merodeando los árboles.

--¿No hay nadie? --gritó sin esperanza de ser escuchado.

Dió una vuelta completa a la casa sin obtener ningún resultado. Sin embargo, observó unas rodadas de camión bastantes recientes.

Después de tomarse un buen descanso en la hamaca tendida a la entrada de la casa, continuó su camino siguiendo las rodadas del camión. Cansado, soportando la leve lluvia hubo de continuar impulsado por la espléndida recompensa al final de la jornada.

Oscurecía ya, cuando felizmente escuchó el ronroneo de un pesado "torton". Paulatinamente fue haciéndose más claro el ruido del motor hasta alcanzar a verlo a menos de medio kilómetro. Inmediatamente alzó la mano haciéndole una señal al conductor, sabedor de la solidaridad tradicional de los serranos norteños. Al llegar a donde se encontraba el fatigado anciano:

--Buenas tardes, señor--saludó el conductor.

--Buenas le dé Dios --respondió don Nicanor.

--Ya es tarde para andar por estas veredas -replicó el "troquero."

--Sí señor, por eso le pido un aventón.

--Seguro, súbase, ¿Pa' donde vá?

--Donde pueda conseguir unas tres mulas.

--Pos quien sabe si en el Ejido de Norogachi, pero eso será hasta mañana. ¿No quiere un trago pa'l frío? --preguntó el ayudante al tiempo que abría la puerta y sacaba una botella de sotol.

--Fíjese que me cae muy bien esta agüita; despacito, despacito pero como friega...!salud!
En estos caminos y en estas temporadas debe uno traer este anticongelante --explicó el chofer mientras encendía las luces del camión, y tomando la botella de sotol apuraba un buen trago.
--¿Y qué anda haciendo por estos andurriales?

--Le ayudo a un señor geólogo a sacar piedras de la Sierra.
--¿No me diga que busca minas?

--Mi patrón es minero.

--Pos ojalá le peguen a una grande.

--Esta es muy buena región, ya ve a Batopilas, Maguarichi y otras más.

--Está sacando muchas piedras y ahora necesita unas mulas para llevarlas hasta el camión.

--¿Cuántas mulas necesitan?

--Me parece que con tres la hacemos

--Pos mire, ya vamos a llegar tarde a Norogachi. Me parece que ya hoy no hizo nada, pero podemos quedarnos en casa de doña Candelaria, que nos renta unos cuartitos y nos asiste. Y mañana temprano con el comisario ejidal puede conseguir las mulas.

--¿Usté lo conoce?
--Como no, es muy amigo, Antioco Arronte. Ora verá como las conseguimos y hasta con todo y arriero. ¿Las quiere rentadas o compradas?

--Pos como sea, si nomás con cargar el camión. A propósito; Nicanor Palomares, servidor de usted.

--¿Usté conoce la región, don Nicanor?
--Como la palma de mi mano. Soy de Santa Rosalía y me crié en la Sierra.
--Ahí están las luces de Norogachi. En unos minutos más estamos con doña Candelaria.

Antes de media hora llegaron a una casa sencilla. El conductor apagó las luces, ordenó a su ayudante que revisara el aire de las llantas, el aceite y el agua del radiador y luego de cerrar el camión, condujo a don Nicanor hacia el interior.

--¡Doña Candelaria, aquí estamos de nuevo! --saludó.

--Armando, que noche llega.

--Se nos reventó una llanta. Mire, le presento al señor Palomares, minero.

--Mucho gusto. Candelaria Bermúdez; pasen, ahorita les hago de cenar. Deben venir cansados.

--Un poco, doña Chole.
--Pase, pasen, siéntensen.

--Gracias.

Minutos después una sabrosa cena era servida a los tres por la diligente anfitriona.

--A ver si no pica mucho este chilito.

--¡Qué va a picar si está re-güeno- exclamó Armando. ¿Te cai bien, ingeniero?

El ayudante apenas respondió --sí don Armando.
--¿Es ingeniero? --preguntó Nicanor.

--Es tarahumara mi ayudante, pero se llama Ingeniero. Usté sabe, aquí en la Sierra es común que los tarahumaras se pongan nombres que les caen bien, y a este le gustó el de Ingeniero, y pos así se llama. ¿verdad?

--Sí señor. Ingeniero Díaz, pa'servirle.

--Doña Cande, siempre guisa usté muy bien este chilito con queso; está re-güeno.

--¿Quiere más?

--No, gracias, pero más bien lo que queremos es descansar.

--Aguárdense un tantito. Orita tiendo las camas. Usté señor va a dormir en este catre ¿está bien?

--Cómo que no, hace una semana duermo en el puritito suelo.

Encendió doña Candelaria una lámpara de petróleo y señaló los dormitorios para luego despedirse.

--Güeno señores, que pasen muy güenas noches. Yo me voy a rezar mi rosario. Hasta mañana.

--Hasta mañana--contestaron los tres a coro.

Sin desvestirse del todo, apenas despojado de la chamarra y las botas, don Nicanor se metió entre las cobijas y minutos después hallábase profundamente dormido.

Esta vez fueron los gallos impertinentes de la mañana, quienes se encargaron de despertar a don Nicanor.

--¡Válgame Dios, pero si ya es re-tarde! --exclamó al ver vacías las camas de Armando Almuina y de Ingeniero. Levántose presto y alcanzó a percibir el grato aroma del tocino, seguramente cocinado por doña Candelaria, por lo cual se apresuró a calzar sus botas y dirigirse a la contigua cocina.

--Buenos días, señores.

--Buenos días don Nicanor. Lo vimos tan cansado que no quisimos despertarle--dijo Almuina.

--Ustedes no, pero los gallos de doña Candelaria no piensan igual--contestó.

--Aquí le estoy calentando agua por si quiere rasurarse. En un momento le preparo su desayuno.

--No quisiera rasurarme hasta llegar a Chihuahua. Dicen en Namiquipa que la cáscara guarda el palo.

--Güeno, puede lavarse en este aguamanil. ¿Quiere huevos con tocino?

--Como no, doña Cande, todo lo que usté hace está rete güeno.

--Gracias. Pase y siéntese. Aquí está su café negro. También hay frijoles con asadero y aquí están las tortillas de harina.

Ya para entonces, sus acompañantes habían dado cuenta del desayuno, pero fieles a las normas de cortesía, esperaron pacientemente a don Nicanor.

--Ya Ingeniero fue al comisario Antíoco Arronte con el encargo de las mulas. En cuanto terminemos vamos con él.

--Muchísimas gracias Armando, es usted muy servicial.

--Qué más quisiéramos. Usté sabe; aquí en la Sierra todos debemos echarnos la mano. Es una costumbre que tenemos muy arraigada los troqueros de toda esta región, desde Sinaloa hasta la capital del estado.

Muchas veces se nos descomponen los muebles en plena Sie-
rra y ni una alma que nos eche la mano. !Ah pos qué le digo! Si usté es de aquí cerca.

--Así es. Muchos años he pasado por aquí. Desde antes que llegaran las "trocas"ya en las "conductas" todos nos echábamos la mano.

Al término del desayuno, dirigiéronse a la casa de Antíoco Arronte para conseguir las mulas.

--Déjeme usté aquí al señor, Armando. Yo me encargo de proveerlo--respondió solícito el comisario ejidal.

--Sumamente agradecido, Armando. Ya sabe que en Chihuahua me tiene a sus órdenes. Que tenga buen viaje.

--Gracias; hasta la próxima.

El indígena apenas levantó la mano y tímidamente se despidió.

--Hasta luego.

--Orita verá como le consigo con mi compadre Homobono Reyes esas mulas. Ayer acaba de llegar de Creel. Véngase, vamos en mi "troca"antes de que se nos vaya.

Minutos después, dirigíanse a la casa de Homobono Reyes, quien los recibió con su proverbial amabilidad.

--Homobono Reyes, para servirle.

--Nicanor Palomares, a sus órdenes.

--Tenga la bondad de tomar asiento.

--Dispénsenos que vénganos tan temprano, compadre, pero es que al señor se le ofrecen tres mulas.

--Mulas sólo tengo una. Lo que sí le puedo facilitar son dos bu-rros y ya con eso se completa. ¿Los quiere para carga?

--Sí señor, le ayudo a un géologo y estamos aquí en las Cumbres del Gato con unas piedras que debemos llevar a ensayar a Chihuahua.

--¿Las quiere rentadas, o compradas?

100

--Pos realmente quisiera sólamente rentadas por tres días, pero por si las dudas mejor se las compro.

--Si le parece le facilito un arriero para que me los traiga de regreso.

--Pos mire, mejor de plano se las compro. Es más, si me da tiempo, luego que cárguenos el camión, se las regalo.

--Muchas gracias, pero de veritas le pongo a su disposición mejor un arriero.

--No es necesario. De veritas.

No insistió Homobono. Bien sabía que en la Sierra no todos los negocios son lícitos y bastante se trafica con "goma", por lo cual había aprendido a ser discreto.

Además, pensó que era nejor vender la mula y los burros para desligarse de cualquier negocio sucio. Luego de un breve regateo, quedó consumada la compra-venta.

--Orita mismo se la mando trair. Y agregó:

--La mula es muy mansita. Se llama "La Golondrina"; la puede montar sin cuidado.

--Muchas gracias, vamos a ver como nos va con las piedras; ojalá hallemos metal.
--Delo por seguro que así será don Homobono.

Una hora más tarde, debidamente montado en "La Golondrina"y con el par de burros, emprendía el camino de retorno al lugar donde hallábase el entierro.

Parco había sido en el trato y en la conversación, como discretos habían sido Antíoco y Homobono, serranos habituados a tratar con todo tipo de personas, sin meterse jamás demasiado en los negocios ajenos.

Los "gomeros"son inmediatamente conocidos por la ropa cara, las grandes "pacas"de dinero, los vehículos último modelo y el acento sureño; Nicanor, por ser originario de Santa Rosalía había dado una versión más o menos aceptable y si bien habíase mostrado renuente a aceptar un arriero, esto formaba parte de la discreción habitual en los negocios de la comarca.

De cuando en cuando, llegaban a estos apartados lugares los "judiciales"preguntando por los traficantes, pero generalmente estrellábanse ante el mutismo inpenetrable de los lugareños.

Oteó el horizonte Nicanor y percibió gruesas nubes grises tapando la faz del sol.

--Mejor es que me apure, no me vaya a agarrar otra tormenta--se dijo a sí mismo.

Ojalá ya haigan desenterrao todo el tesoro. ¿Y si hubieran volado con él? Nó, no me parece correcto desconfiar así nomás porque sí de ellos.

--El güerito se ve decente y Eugenio es muy mi amigo de hace muchos años. Ahora, que si mi General estuviera en mi lugar, desconfiaría absolutamente de todos, pero además, aunque se lo quisieran llevar no pueden. En primera, no tienen en que transportarlo; en segunda, no conocen el camino de la Sierra, y en tercera, yo los podría agarrar luego luego.

Pero no tengo hasta orita porqué desconfiar de ellos, por más que hay un dicho que en arca abierta el más honrado peca; así no debo dejar que el diablo me meta malos pensamientos. En lo que sí me remuerde un poco la conciencia, es en el espíritu de mi General; casi casi se me está haciendo la obsesión de que su mirada me sigue por todas partes y nomás está pendiente de todos mis actos y no me abandona la idea de que si sacamos el entierro, no voy a vivir mucho tiempo.

Orita mismo esta llovizna que no para, me está dando ya escalofríos y amenaza tormenta y sobre todo, no puedo olvidar su frase: ¡Pobre del que busque mis entierros!

Estos y otros pensamientos parecidos, fueron apoderándose de don Nicanor durante la jornada de retorno en la cual apenas alcanzó a llegar a la casa del huerto manzanero cuando el rayo rasgó violentamente el oscuro manto celeste para dejar caer el agua a cántaros, obligándole a buscar refugio en el vestíbulo.

El resto de la tarde y toda la noche con breves descansos, estuvo azotando la tormenta toda la región impidiéndole al ex villista conciliar el sueño hasta muy avanzada la madrugada.

Amaneció hermosa y fresca la mañana, circunstancia inmediatamente aprovechada por don Nicanor para reanudar su viaje solitario hasta las Cumbres de la Sierra del Gato, montado en "La Golondrina".

--¡Ahí viene don Nicanor! --alborozado exclamó Eugenio quien había enfocado los poderosos prismáticos hacia el lejano valle distinguiendo la pequeña figura, seguido de los jumentos.

--¡Gracias a Dios! --secundó Walther-- ya estaba preocupado por su ausencia.

--Te dije que don Nicanor conoce todas las veredas de la Sierra. Hasta con los ojos vendados podría recorrerla. Lo importante es que en menos de tres horas lo tendremos con nosotros.

Penoso, lento y peligroso, fue el ascenso desde el Valle hasta los acantilados donde encontrábanse los guardianes del entierro de Villa. Aterrido de frío, estornudando frecuentemente y bastante fatigado, les sonrió al desmontar "La Golondrina".

--Má vale tarde que nunca-- saludó.

--Aquí le tenemos preparado un sabroso desayuno-- invitó Walther.

--Creo que después de darles un pequeño descanso a estos animalitos, debemos apurarnos a llegar a la camioneta.

--Adelante con el desayuno, que el viaje ha de haber estado pesadito--adivinó Eugenio.

Como puede ver, aquí están las seis cajas, sin faltar ninguna. Hemos decidido no tocarlas hasta llegar a Chihuahua para mayor seguridad.

--De acuerdo; abrirlas aquí en la Sierra no deja de ser peligroso.

Se les dió agua, pienso y descanso a las bestias, para luego ser cargadas con dos cajas cada una mientras el cielo se oscurecía amenazadoramente y allá en la lejanía contemplábase la lluvia.

Sumamente entusiasmados con las preciosas cajas, echaron a andar, arriando los animales por las estrechas veredas de la abrupta topografía, bajo la experta guía de don Nicanor.

Intempestivamente un cercano rayo iluminó el cerrado cielo pareciendo desgarrar la montaña, para dejar caer una torrencial lluvia sobre la cordillera, obligando a la pequeña caravana a guarecerse bajo las ramas de los pinos, mientras pasaba el agua.

Apenas aclaró un poco el cielo, prosiguieron la penosa travesía aprovechando hasta el último rayo de luz antes de acampar.

Después de frugal cena, dispusiéronse a dormir bajo un saliente pétreo en previsión de una nueva tormenta nocturna, como efectivamente sucedió.

--Es el cordonazo de San Francisco--explicó don Nicanor. En estas fechas es cuando cambian los vientos y por eso se producen chubascos.

Difícilmente pudieron entrar a los dominios de Morfeo con la pertinaz llovizna, aderezada por las tremendas y constantes descargas eléctricas iluminadoras del cielo nocturno.

Muy temprano, en cuanto la luz primera lo permitió, apuraron una taza de café negro, cargaron los jumentos y dirigiéronse hacia la camioneta mientras un constante "chipi chipi"les acompañaba todo el trayecto. Finalmente, cerca del mediodía lograron divisar la camioneta encarnada, aguardándoles a la vera del arroyuelo ahora crecido por las últimas lluvias.

Al advertir Eugenio el tercer estornudo de don Nicanor, le anunció:

--Como que quiere resfriarse don Nicanor, pero no se preocupe, aquí en la camioneta traemos muy buen sotol de Coyame.

--Gracias; permítame primero descargar estos animalitos que tan bien se han portado.

Entre los tres, relevaron a las acémilas de su pesada carga, dejándolas en libertad para poner las cajas a buen recaudo dentro de la camioneta.

Una ligera comida fue apurada antes de echar a andar el motor de retorno a la civilización. Y una vez más, don Nicanor con infalible sentido, dirigió a Eugenio al volante por veredas y caminos vecinales, para finalmente alcanzar la carretera hacia La Junta y ya desde este cómodo camino pavimentado, arribar a Ciudad Cuauhtémoc primero, y finalmente a la ciudad de Chihuahua.

Directamente condujo el vehículo hacia el garage de la residencia de Eugenio.

Inmediatamente, cuidadosamente, fueron descargadas las cajas envueltas en lonas, y con ayuda de pinzas y cuchillos fue abierta la primera, en medio de extraordinaria expectación.

--!Rifles!,--exclamó Walther en cuanto quedó al descubierto su contenido.

--Bueno, --sentenció filosóficamente Eugenio...!Sacamos reintegro!

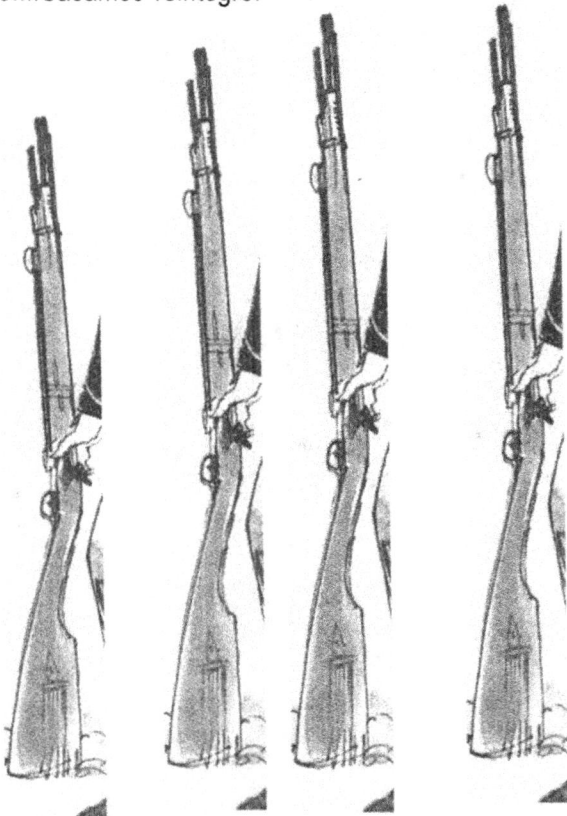

La Soledad es el alimento del Genio

Uno de los mejores ejércitos del mundo, integrado por más de quince mil hombres,al mando de uno de los más brillantes generales norteamericanos, John J. Pershing, magníficamente equipado con abundantes elementos de guerra, apoyado por automóviles, camiones y como si fuese poco, un escuadrón aéreo, dióse a la tarea de perseguir a Villa.

Pero eso no es todo. Otro ejército, el carrancista, lanzó otros quince mil hombres sobre el mismo objetivo. En total, treinta mil soldados con el irrestricto apoyo de dos naciones, se avalanzaron en contra de cuatrocientos escasos guerrilleros, mal comidos y peor pertrechados.

Coordinadamente a manera de tenazas, van avanzando los norteamericanos hacia el sur y los federales hacia el norte.

El férreo cíngulo militar se va cerrando inexorablemente sobre los desarrapados sobrevivientes de la gloriosa División del Norte y cuando están a punto de estrangularlo ¡Villa toma Torreón!

Se han enaltecido mucho las victorias militares de Villa en Tierra Blanca, Torreón, Paredón y Zacatecas; y en cambio, se ha pasado por alto una de sus más sobresalientes proezas: La elusión durante cinco largos años combatiendo incesantemente y cerca de un año, de las fuerzas americanas.

En ese sangriento lustro, se persiguió a Villa como fiera montaraz, y como tal, replicó a dichos ataques por lo cual los actos de crueldad los contemplamos por igual en ambos bandos.

A la masacre de Santa Isabel replicó don Venustiano Carranza con un decreto poniendo al Centauro fuera de la ley. Y al ataque de Columbus contestó el gobierno americano con la expedición del castigo, es decir, la punitiva.

¿Cómo es que Villa logró sobrevivir ante el brutal empuje simultáneo de los ejércitos de ambas naciones? Amigos o enemigos, deben reconocer en el guerrillero cualidades excepcionales de líder y estratega, pero además, debe obrar otra circunstancia nacional: La inmensa mayoría del estado de Chihuahua fue villista.

De otra manera no hubiese permanecido un mes sin haberse logrado su captura, debiendo recordar además, la fabulosa recompensa ofrecida por su cabeza.

--Pero qué diantres de gringos tan chistosos. Ahora vienen a presumirnos sus automóviles, sus "trocas"y hasta sus aeroplanos. Muchos aparatos y toda clase de comodidades para agarrarme y llevarme a los Estados Unidos y exhibirme como un animal raro, pero daremos la pelea tanto a los gringos como a los carrancistas.

A nuestro favor se encuentra sólo, que yo pueda caminar todo el estado de Chihuahua con los ojos vendados. Da risa ver a los "changos"del barbón temblando de frío, preocupados más por no caer del caballo, que de combatir.

--Y en cuanto a los gringos, vamos a ver quien se cansa primero; pero además, me informan dos amigos alemanes, Hempel y Rommel, que la guerra entre Estados Unidos y Alemania será inevitable y en ese caso, los americanos van a necesitar hasta el último soldado, por lo cual creo se retiran antes del año del territorio nacional.

110

--Nuestro plan será hacer la guerrilla dispersándonos y volviéndonos a reunir en un punto lejano. Y combatir, combatir hasta la caída de Carranza o la mía.

Así sucedió. Durante el trágico lustro 1915-1920, se libraron nada menos que 137 combates, con suerte varia. Y cuando Carranza anunciaba por enésima ocasión el exterminio del Centauro, éste resurgía con redoblado vigor y tomaba sorpresivamente una importante plaza norteña, sin ser efectivos todos los artilugios, recompensas y traiciones para acabar con él. Por una ironía del destino, primero cayó Carranza.

Como es usual suponer en estos casos, los americanos intentaron ganarse la voluntad de las poblaciones norteñas a fin de obtener información conducente a la captura de Villa y del general Pablo López. Con ese objetivo, compraron a los hermanos Salazar a fin de obtener información conducente a la captura de Villa y del general Pablo López. Sin embargo, todo resultó inútil.

Sorpresa fue para la partida del coronel José Nieto Houston eludiendo y simultáneamente distrayendo la columna americana al llegar al rancho El Palmito a dos hombres, precisamente los hermanos Salazar, amarrados a un encino; por curiosidad acercáronse a leer un letrero colocado en la solapa que rezaba:

"Estos hombres son dos de los espías que guiaron a los norteamericanos que combatieron en la Laguna de Ojos Azules. Son espías yanquis y andan en busca de los compañeros de ustedes que están heridos en este rancho. Buena suerte, y buena puntería".

111

Obvio reseñar segundos después los cadáveres de los traidores de sus hermanos de raza que quedaron grotescamente tirados al pie del encino.

Al retirarse de Columbus rumbo al sur, deja Villa una huella escarlata de sangre y fuego, los heridos. Y entre los caseríos, aldeas, incluso cuevas de la Sierra mientras el grueso contingente continúa siempre prestando combate a unos y a otros a pesar de su conside-rable inferioridad en pertrechos, la cual es ampliamente compensada por el conocimiento del territorio, la imaginación y la audacia de su jefe.

Evidentemente, era imposible un choque frontal entre los quince mil americanos y los cuatrocientos villistas, por cuya razón se optó por dividir el cuerpo de los "dorados"para atacar a la columna de Pershing hacia un lado, mientras el grueso de las tropas alcanzaba a tomar otra comarcana población.

De esta forma, el coronel José Nieto tendió en el rincón de Serna, una emboscada a la vanguardia de las fuerzas de la expedición punitiva, matando varios soldados, entre ellos un guía apache, hiriendo a otros, y retirándose sin perder a un solo hombre, mientras Villa planeaba el ataque a Ciudad Guerrero.

!Villa ha muerto! Es la noticia esparcida en todo el mundo, y el telegrama llegado al Presidente Carranza, lo recibe con la satisfacción de quien abre un mensaje de felicitación. Por lo menos quedó plenamente demostrado que el día 27 de marzo de 1916, en el ataque a Ciudad Guerrero, el Centauro recibió un balazo y fue trasladado por su escolta a lo más abrupto de la Sierra Madre.

John Pershing, un tanto más escéptico que sus colegas carrancistas, pone en tela de juicio la noticia sin prueba material y lanza oleadas de soldados a "peinar"la comarca a fin de capturarlo "vivo o muerto".

Lo más extraño del caso es que , como comenta un oficial americano, parece que aquella columna de cuatrocientos hombres con un simple "ábrete sésamo", hubiese sido devorada por uno de los impasibles acantilados serranos como por arte de magia.

Una y otra vez interrogan a los solitarios campesinos y la respuesta es monótona:

--¿Villa? pos quién sabe.

E incluso ha sido comentado el mensaje de cierto militar a don Venustiano Carranza en los siguientes términos:

"Tengo el honor de manifestar a usted que según todos los informes que he recabado y que considero completamente verídicos, Villa se encuentra ahora en todas partes y en ninguna".

En efecto; palpábase en el ambiente su espíritu, pero su cuerpo ni vivo ni muerto fue localizado durante varios meses subsecuentes al combate de Guerrero, por cuya razón, al fin pudieron respirar tranquilas las tropas federales de Chihuahua.

Y cuando se daba como un hecho la muerte de Villa, éste, convertido en un huracán, aparece fortalecido y derrota una y otra vez a las guarniciones carrancistas en Río Florido, la Hacienda de Corrales y Jiménez, sin dar tiempo a sus enemigos de reponerse de la sorpresa.

Nuevamente se coordinaron las fuerzas de Carranza y las de Pershing para formar unas tenazas de fuego y acero, a fin de abatir de una vez por todas al escurridizo adversario. Al cerrarse el fatídico círculo sobre él en las estribaciones de la Sierra, precisamente el 20 de noviembre de 1916, Villa ataca y toma Chihuahua después de cinco días de furiosos combates poniendo en el más completo ridículo al defensor general Jacinto B. Treviño, quien opta por huir al pueblo de Aldama motivando que Carranza, después del consiguiente disgusto, envíe un ejército de quince mil hombres a capturarlo.

Por enésima ocasión, se perfeccciona el cerco contra el Centauro y cuando incluso se anuncia a la prensa su inminente aprehensión, !Villa toma Torreón!

Esta inverosímil jornada significa la marcha día y noche por veredas y lugares despoblados rápida y sigilosamente, en constante zig zag, recorriendo alrededor de setecientos cincuenta kilómetros a marchas forzadas hasta caer sobre esta importantísima ciudad, la cual, cayó después de encarnizada defensa a manos del general Severiano Talamante, pues Fortunato Maycotte previamente, había huído despavorido.

Un segundo móvil se había abrigado en esta operación: una enorme carga de lingotes de oro y plata proveniente de las compañías mineras de Santa Bárbara depositadas en manos del general Luis Herrera en Parral, precisamente para evitar su caída en poder de Villa, y de pilón se topó éste inesperadamente con otras cuatrocientas talegas con mil pesos de plata cada una, depositadas al general Juan Carrasco.

Parte del dinero fue destinado a la compra en Guanajuato, de calzado, ropa y pertrechos.

En tanto, el grueso del tesoro es custodiado por el general Manuel Banda escoltado por los coroneles Ramón Córdoba, Ramón Contreras y José Nieto, quienes inmediatamente lo embarcan por tren hasta Jiménez, donde es desembarcado y a lomo de mula conducido a la Cordillera Cumbres del Gato donde espera el general, quien entre tanto, se ocupa en derrotar en la Joya de San José a más de ocho mil soldados del general Eduardo Hernández.

La falta de pertrechos y la cercanía de la expedición punitiva buscando a Villa con deseos ardientes de no encontrarlo, lo obnliga a dispersar su gente. Este a su vez, se reúne con el general Banda y los coroneles Córdoba, Contreras y Nieto, para trasladar, viajando siempre de noche, el tesoro a una cueva ubicada al pie de un inmenso acantilado desde donde se domina un lejano y bellísimo valle bañado por dos alegres ríos descendientes de la cordillera.

Enmedio de una ligera llovizna gélida calando hasta los huesos, son desmontadas seis pesadísimas cajas, conteniendo las "conductas"de las minas de oro y plata de Santa Bárbara para ser depositadas en el fondo de la oquedad, la cual es rellenada y tapada con piedras, mortero y tierra.

Finalmente, se plantaban arbustos y mezquites enfrente, a fin de disimularla completamente. En esta misteriosa operación, sólo participan los oficiales de la más estricta y absoluta confianza de Villa y sus respectivos asistentes.

--Así que ya lo saben: mucho cuidado si alguien de ustedes, aunque sea borracho, diga una sola palabra de esto. En el futuro vamos a necesitar parque, ropa calzado y pertrechos para nuestras tropas. Aquí está más seguro que en cualquier banco.

--Carranza dice que ora sí me agarra y va a mandar más ge-nerales con todo tipo de elementos en nuestra contra, pero, ¿cuándo le hemos tenido miedo? Por otra parte mi buen amigo Gerardo Heimpel, el alemán, me anticipa la inminencia de la guerra entre su país y los americanos, de modo que no dilatan mucho sin que se regresen.

--Y ahora que dejamos bien guardadas estas barritas, acuérdense muy bien lo que les digo: Cuando yo muera, mucha gente se va a beneficiar con lo que yo deje.

No sólo se desanimaron por el entierro hallado en las Cumbres del Gato. Por el contrario, sintiéronse estimulados e incluso llegaron a la firme convicción de hallarse sobre camino seguro.

Desde un principio había explicado Nicanor de haberse enterado no de uno, sino de cuatro entierros. Él personalmente, había preparado las cargas de unas mulas en San Andrés, por encargo directo del coronel José Nieto Houston.

Nuevamente recurrieron a la fuente inapreciable de las memorias del coronel José Nieto, en las cuales aparece con todo detalle el transporte de una "conducta"desde Santa Isabel hacia una de las regiones más abruptas, y simultáneamente más imponente de la Sierra Madre.

Habla el coronel de un río surcando verdes vallecillos para ir a caer en un espectáculo de singular belleza natural, en una cascada "aún cuando menos impresionante que la de Basaseachic, en cambio, bastante más ancha y vistosa", a cuyo pie acamparon las fuerzas villistas.

Nicanor recordaba con toda claridad haber seguido el curso del río, así como la mención del coronel Nieto de haber hecho en tiempo de seca una excavación dentro de la caída de agua, misma que una vez ocupada por la "conducta' arrebatada a los federales, fue debidamente sellada.

Consecuentemente, habría de identificar el río, y una vez logrado ello, seguir su curso hasta dar con la mencionada cascada.

Sobre un mapa del estado enfocaron su atención para llegar rápidamente a la conclusión de que únicamente tres ríos podrían esconder en sus entrañas el tesoro de Villa. El Río Conchos, el cual, nacido en las altas mesetas de la Sierra Madre, va descendiendo abrupta o suavemente dando un enorme rodeo por el estado, para finalmente irse a fundir en Ojinaga con el Río Grande.

EL Río Basaseachic emergido del tejabán del estado en un momento de inspiración del Creador, tímidamente va formando su propio cauce a más de dos mil metros de altura, para bruscamente precipitarse al abismo de mil pies en la catarata más grandiosa de la nación.

Por exclusión, se llega al Río Cusárare quien, celoso de su anterior colega, si bien no compite en profundidad, en cambio sí, lo hace dignamente en espectacularidad.

--!Cusárare! --ese es el río--exclamó jubiloso Nicanor cuando Walther le mostró las alternativas fluviales detalladamente, cotejadas con los apuntes del coronel Nieto.

Por segunda ocasión, el helvético temperamento de Busch, se concentró con mayor entusiasmo y no menor minuciosidad en la preparación de esta salida hacia el escondite del tesoro.

Una larga semana fue pues, dedicada a revisar la camioneta, disponer de todos los elementos materiales, mientras a su vez, Eugenio disponía del arreglo de sus negocios profesionales a fin de ausentarse el tiempo preciso. Por otra parte, durante ese mismo lapso, Palomares logró superar el fuerte resfrío pescado en las Cumbres del Gato, quedando en condiciones de acometer de nueva cuenta la fascinante aventura.

A las cinco de la madrugada de ese viernes, la camioneta llevando una vez más a Eugenio, Walther y a don Nicanor, arrancó tomando la carretera de Ciudad Cuauhtémoc vía Santa Isabel, para continuar por La Junta hacia Creel, donde tras breve escala continuaron por el camino hacia el poblado de Cusárare, pero antes de entrar al mismo, desviáronse rumbo a unas pequeñas cabañas turísticas en las cuales habían programado pernoctar.

El día siguiente amaneció nublado. El ennegrecido cielo parecióle a don Nicanor presagiar las admoniciones del Centauro contra quienes se atreviesen apoderarse de su tesoro.

Después de un opíparo desayuno con todas las comodidades de la civilización a base de machaca, frijoles con queso, tortillas de harina y café, los tres expedicionarios bajaron de la camioneta los instrumentos necesarios para extraer de las entrañas de la tierra, el por demás soñado tesoro.

El plan era bien simple: seguir el curso descendente del Río Cusárare hasta su caída, para desde ese punto, iniciar la exploración mediante el detector de metales de tan eficiente desempeño en la anterior ocasión.

El espíritu de Villa pareció emerger en forma de pertinaz tormenta sobre la Sierra, obligando a toda la fauna a buscar refugio bajo los pinares y encinos, impidiendo el avance de los buscadores del tesoro, confiándolos al momentáneo refugio de un enorme pino al pie de una ladera.

Sólo después de un par de horas amainó la tormenta lo suficiente para reanudar el camino.

Varios kilómetros más adelante, encontráronse abruptamente con un espectáculo de insólita belleza: La Cascada de Cusárare.

Si bien su altitud no pretendía medirse con su vecina de Basaseachic, en cambio, la perfecta armonía de su circundante pa-norama, la mayor amplitud de su cortina y el cantarino sonido de su caudal al chocar con las peñas del fondo, integraban una de las más afortunadas acuarelas de la Madre Natura obsequiada al estado de Chihuahua.

Gratamente impresionado por tan estimulante escenario, Walther extrajo de su mochila el ya veterano detector de metales, para dejar a su cargo la búsqueda del oro.

Con teutónica paciencia inició Busch la exploración por la parte alta del río, desde unos cien metros antes de la caída. Lentamente, fue avanzando sin dejar de observar el verde foco encendido hacia el curso de la corriente ensanchada por la constante lluvia.

Al cabo de unos cuarenta minutos después de un especial sonido, empezó a emitir la máquina simultánemente al encendido del foco rojo. Un grito de júbilo escapó de la garganta de Eugenio, y con enorme tensión los tres fueron siguiendo la ruta eléctrica marcada por el detector. El sonido continuó persistente justamente en toda el área de la cascada.

El entierro debe encontrarse precisamente detrás de la cascada, al pie de la misma, --explicó Busch--. Es frecuente la formación de una oquedad por erosión hidráulica en condiciones geológicas análogas a la presente; es decir, esta agua, durante miles de años discurre sobre esas piedras, pero no siempre, claro está, a la misma temperatura.

120

Por ejemplo: en el invierno se hiela y las piedras se contraen; y en verano se acrecenta la corriente y la piedra se dilata. En esta forma se van produciendo las cuevas, a veces facilitándose esto por el desprendimiento de grandes monolitos y lo más probable es que aquí se haya formado una pequeña cueva natural, y conocida por Villa, la aprovechase para esconder el tesoro.

El único inconveniente es que para perforar el tapiado de la cueva, nos vamos a mojar bastante, pero es de suponer que el Centauro debió pasar por la misma circunstancia.

Después de iniciar una leve exploración por un costado de la cortina de agua, a golpe de pico se buscó la entrada en una labor no sólo ruda, sino molesta por la humedad constante.

--!Aquí es! --gritó eufórico Eugenio al advertir cómo se hundía su pico en tierra reblandecida. Al unísono, los golpes de tres picos concentrados sobre el mismo lugar, fueron abriendo el paso a una pequeña cueva. La entrada ensanchóse hasta permitir observar en su interior dos grandes cajas, mismas que, con redoblados esfuerzos van siendo extraídas lenta y cuidadosamente.

Entre los tres, las colocan a un lado del río mientras Eugenio propone acercar la camioneta hasta donde pudiese avanzar para cargarlas.

En esta ocasión, don Nicanor hubo de recibir una prolija cátedra de geología de parte de Walther, quien empezó a disertar sobre las diversas clases de erosiones geológicas, marítimas, glaciares e hidráulicas provocadas por la Madre Natura a fin de formar bellísimos escenarios, precisamente como el de la cascada de Cusárare, tan "exquisito"que debería exportarse a Suiza para solaz del turismo europeo.

Demasiada larga hízose la espera, seguramente debido a que ambos hallábanse calados hasta los huesos por el agua, y los estornudos no tardaron en aparecer, especialmente con don Nicanor.

Finalmente escucharon el lejano ronroneo inconfundible de la camioneta conducida por Eugenio, quien mediante las llantas especiales para montaña, logró exitosamente vadear varias veces el río para arribar al lugar de sus compañeros.

Entre los tres subieron las dos cajas envueltas en una doble manta impermeable a la camioneta, y una vez instalada la preciosa carga, emprendieron el regreso a Creel, para proseguir hacia La Junta y siguiendo la asfaltada carretera, continuar hasta Cuauhtémoc y·finalmente arribar a la ciudad de Chihuahua.

Con extraordinaria ansiedad, retiraron las envolturas dobles de lona impermeable para desclavar las cajas. En la primera hallábanse un centenar de prismáticos de origen alemán, cada uno en su propio estuche de campaña.

En la segunda encontraron en un primer nivel, dos docenas de pistolas calibre 38 especial, en tanto que en un doble fondo una serie de documentos propios de la época, así como una tela cuidadosamente doblada.

Don Nicanor, a pesar de la temperatura que padecía ya, tomó cuidadosamente el lienzo y con lentitud lo fue desdoblando hasta aparecer en él una impresionante figura.

--!EL GENERAL! --al unísono exclamaron los tres.
En profundo éxtasis estuvo don Nicanor contemplando el antiguo óleo.

La cara hallábase casi de frente, y en la adustez de su gesto parece reflejarse y sintetizarse en una década de lucha, de ideales salpicados de sangre un dramático capítulo de la historia mexicana en una sola palabra: Revolución. Estupefactos quedaron Walther y Eugenio por el impacto del cuadro sobre el anciano villista, y observaron dos gruesas lágrimas surcar sus arrugadas mejillas mientras con trémula y cascada voz, le hablaba como si estuviese vivo.

--"Mi General, mi General! !Aquí está presente su fiel soldado, el más humilde de sus seguidores, el asistente de mi coronel José Nieto Houston, Nicanor Palomares! ¿Recuerda cuando me mandó descolgar el cadáver de mi general Miguel Saavedra? ¿Y cuando me envió por aquel doctor que no me acuerdo cómo se llamaba, cuando la punitiva?

--Aquí estoy otra vez, mi General, a su lado, como siempre, en las buenas y en las malas, aquí estoy como en los tiempos de triunfo y en las amargas derrotas. !Presente! Y sin embargo, la temperatura tornóse en fiebre y ésta, aunada a la avanzada edad, movió a Eugenio a llamar al doctor Cuéllar, quien de inmediato produjo el inconfundible cuadro clínico: Pulmonía. Atendiendo a la recomendación médica, cuarenta y ocho horas más tarde, doña Paz, con su abnegación ilímite, hacía acto de presencia en la vieja y modestísima vivienda para atender al compañero de toda su vida en sus últimos días. Presa de la fiebre, deliró constantemente don Nicanor, ante la comprensión de su inseparable consorte.

--Sabes vieja; allí está el tesoro de mi General, en el mismo lugar donde escarbamos pero más pa'dentro. El sabía que queríamos el tesoro y como señuelo nos dejó mero adelante las cajas de parque.

123

Pero más hondo están las alazanas y las barras de oro y plata que atrapamos en Torreón. Ya sabía que mi General iba a ser más listo que nosotros, pero me doy por satisfecho con este retrato. !Míralo Paz, si nomás le falta hablar! !Cómo quería este cuadro mi coronel Nieto! Y con mucha razón. Pa'mi que tiene algo de magia, parece que en él está presente el espíritu de mi General. Ya sabía yo que mi vida no podía apagarse antes de rescatar para la historia este óleo. Así, los jóvenes de mañana sabrán cómo era en realidad mi General. He realizado mi obra porque aunque no háigamos dado con las barras de oro, rescatamos su imágen auténtica, la única que recogió en vida los colores de mi General. Fue este cuadro el que le dio una razón a mi vida. A mi no me importa tanto bribón enriquecido con los regímenes de la Revolución; lo único que me importa es que este cuadro ilumine para siempre la historia de México, porque como decía mi coronel Nieto, irradia energía, y quien lo posea, quien quiera que sea, recibirá la fuerza que de él se desprende. En ese cuadro está comprimida toda la Revolución......¿Verdá que sí, Paz?...porque si volviera mi General...me volvería con él...y volveríamos a tomar Torreón...como en los viejos tiempos... Con la presencia de Paz y el doctor Cuéllar, al igual que un cabo de vela se consume lenta, inexorablemente, aquella vida humilde, sencilla y obscura, pero límpida e idealista, envuelta en los sueños de una patria mejor al fragor de las batallas y penalidades de la gesta armada, se fue paulatinamente extinguiendo.El facultativo aplicando el estetoscopio al pecho tras los estertores de la agonía, percibió el frío silencio de la muerte, para retirarlo respetuosamente y abrazar a doña Paz y consolarla.

--Ya Nicanor pasó a mejor vida...

--¿Se acuerdan lo que les dije muchachos?
!Pos ya sucedió!A cual más de ambiciosos de ese par de desgraciados. El mocho perjumado que me vino a espiar a Chihuahua lo trampé con las manos en la masa. !Cómo me arrepiento de no haberlo tronado en aquel entonces!

Ya sabía yo que era puro traidor! Y acuérdense bien lo que les digo; este mocho va a querer eternizarse en la presidencia si algún día llega, y solo a puros balazos lo van a bajar de la silla. Obregón va a ser otro Porfirio Díaz.

--Y el viejo "barbas de chivo"no se queda atrás. Ya tiene siete años en la silla haciéndose tarugo para no hacer elecciones. A ese también a balazos lo van a bajar del macho. Yo me lo tantié desde un principio; ya que una persona usa lentes oscuros y nunca ve a la cara, como por ejemplo don Panchito Madero o don Abraham González que le sostenían a uno la mirada... malo.

Pos ya chocaron sus ambiciones; nosotros nomás tenemos que tomar barrera de primera y ver el agarrón que se van a dar.

--¿Y saben lo que orita está pensando "barbas de chivo"? !Pero cómo fuí baboso en confiar en Obregón! Villa por lo menos nunca me hubiera traicionado porque jamás le ha sido desleal a nadie; pero ya es muy tarde y ahora el viejo tarugo va a pagar las consecuencias porque de todos los barberos que trai siempre a su alrededor, no hay uno que sirva pa'enfrentarse a Obregón.

Con la pátina del tiempo aparecía en él en todo su esplendor la más imponente y arquetípica figura de la Revolución. Un trasfondo obscuro aureolaba su amplísima frente, el pelo castaño cubría sus lóbulos frontales, un bigote compacto y espeso cubría su labio superior y se exhibía un poderoso maxilar; la nariz recta y bien proporcionada, todo ello enmarcado en su sobrio uniforme del ejército constitucionalista, las águilas frontales sobre sus hombreras, orejas medianas, blanca tez y lo más impresionante, su mirada fija, profunda, proyectada hacia la eternidad traspasando la gloria, todo ello circuído por un hálito de inmortalidad.

La firma en el ángulo derecho sólo denotaba un nebuloso "Miguel", la cara denotaba dignidad, serenidad y esa personalidad única de los grandes líderes, semejándose extraordinariamente a los modernos retratos de Mao Tse Tung, en su sobrio uniforme café sin condecoraciones.

--Y ni crea que si me llama voy a mover un sólo dedo en su favor; pero no creo que acuda a mí porque está enfermo de soberbia y hacerlo, sería reconocer un error y prefiere antes de hacerlo, que se lo lleve patas de cabra.

Así era en efecto. Los observadores de la política nacional desde tiempo atrás habían previsto la ruptura de Obregón y Carranza, misma que finalmente se produjo cuando éste, al no poder materialmente seguir en la presidencia más tiempo, intentó cerrarle el camino a Obregón imponiendo a un desconocido, de apellido Bonilla.

Villa, con muy buen tino, decide suspender sus ataques a las fuerzas federales dedicándose a esperar con los brazos cruzados el enfrentamiento bélico Obregón-Carranza.

Así pues, dió vacaciones a sus "muchachos" y se limitó a interceptar telegramas, presagios de la contienda.

La reacción del manco de Celaya no se hizo esperar. El día primero de junio de 1919, en Nogales, mediante un manifiesto lanza su candidatura a la Presidencia de la República, y virtualmente se declara la rebelión en contra de la imposición de Carranza.

A mayor evidencia de la inminente tormenta, se publica en México una entrevista con Calles, en la cual afirma:

--"El pueblo de este país ha luchado durante diez años por la libertad constitucional y el Sufragio Efectivo, y no va a permitir que ahora lo defrauden".

Y más adelante agregó:

--"Obregón es hoy el hombre más fuerte en México. Tiene popularidad entre las masas y gran número de partidarios en el ejército. Obregón será el hombre que consolide la paz en México. Si resulta electo, tenemos razones de peso para creer que los bandoleros y líderes revolucionarios, que permanecen en acción contra el gobierno federal, se rendirán y se comprometerán a comenzar nuevas vidas de paz y cooperación.

--"...Creo que Villa será el primero que se rinda si Obregón es electo. Obregón no establecerá ningún despotismo militar. Obregón es hombre de negocios, un civil antes que todo. Entregará los ferrocarriles a sus dueños y abrirá las puertas de México al capital extranjero. Establecerá el servicio civil y tratará de formar un gobierno de honradez..."

Por el contrario, los carrancistas cometen gravísimos errores políticos. Así por ejemplo, el 29 de febrero de 1920, el gobernador Andrés Ortiz decreta un premio a quien entregue "vivo o muerto" al General Francisco Villa, verdadera estupidez que agrava la situación, si se considera que éste, desde hace meses, había permanecido pacíficamente a la espectativa de los acontecimientos.

De ese modo, el citado decreto no produjo ningún agraciado, pero sí el desprecio contra su autor, quien debe renunciar poco después; pero la situación política no mejoró porque don Venustiano va de error en error y designa gobernador de Chihuahua a su propio cuñado Emilio Salinas, lo cual explica el por qué no hubo ningún ganador del premio por la captura "vivo o muerto"de Villa.

Los acontecimientos fueron sucediéndose con rapidez. El día 21 de mayo de 1921 se entera el ex jefe de la División del Norte del asesinato de Carranza, y poco después la prensa de Chihuahua publicó el irreverente cuarteto:

Si vas a Tlaxcalantongo
Procura ponerte chango
Ya ves que a barbastenango
Le sacaron el mondongo.

Más no por ello, cesaron automáticamente los problemas contra Villa. El nuevo gobernador Tomás Gameros expide el siguiente decreto:

"Tomás Gameros, Gobernador Provisional del Estado de Chihuahua, en uso de las facultades extraordinarias de que me hallo investido, y...

128

CONSIDERANDO que siendo necesidad, no sólo imperiosa sino humanitaria, el acabar de una vez para siempre con el bandolero conocido con el nombre de Francisco Villa, cuya existencia constituye un bochorno para el estado, puesto que tácitamente se ha tolerado que dicho bandido cometa las depredaciones y actos vejatorios que constantemente lleva a cabo, y siendo por otra parte, una obligación imprescindible de las auoridades el procurar por todos los medios posibles el exterminio del bandolerismo, ha tenido a bien decretar lo siguiente:

ARTICULO UNICO.- Se dará premio de CIEN MIL PESOS al que entregue vivo o muerto a las autoridades, al bandolero conocido por el nombre de Francisco Villa, cuya cantidad será pagada por el Gobierno del Estado. Sufragio Efectivo. No Reelección. Chihuahua, Chih., a 22 de mayo de 1920.

Sin embargo, un par de días más tarde apareció la siguiente rectificación:

"Queda sin efecto el decreto que con fecha 22 del presente se publicó en la prensa local. Pues, efectivamente, el general Francisco Villa ha cometido algunos atropellos, pero no es posible desconocer los valiosos servicios de este revolucionario prestados a la causa de la Revolución..."

Como un complemento a la rectificación, el general Ignacio C. Enríquez el día 24 de mayo de 1920 en las goteras del Valle de Allende, se entrevista con el general Villa, a fin de convencerlo a deponer las armas en virtud de la muerte de Carranza. Hablaron largo rato sin ponerse de acuerdo, y a pesar de las insistencias de Enríquez en su buena fe, algo percibió el guerrillero en su mirada, que le hizo desconfiar.

Al despedirse, Villa le dijo al general Nicolás Fernández:

Algo se trai este Enríquez; demasiado nervioso se encontraba mientras platicábamos y pa'mí que hoy en la noche, cuando espera que estemos desprevenidos, nos va a atacar.

--Pero mi general, si precisamente viene en son de paz--objetó Nicolás Fernández.

--No señor, va a ver como es hipócrita. A la noche atizamos unas fogatas simulando nuestro campamento. Luego amarramos unos burros con hambre para que rebuznen y sobre unas piedras colocamos sarapes y sombreros y nos retiramos a güena distancia pa'que vea qué tan sincero es.

En plena madrugada, las fuerzas del general Enríquez atacaron furiosamente los sarapes y sombreros, pero Villa estaba en represalia, atacando Parral.

Para aún un mayor desconcierto de sus enemigos, se decide tomar la plaza de Salinas para desde allí comunicarse por telégrafo directamente con el Presidente, don Adolfo de la Huerta, quien gustosamente acuerda la pacificación, enviando al general Eugenio Martínez para celebrar el convenio respectivo el cual se firma finalmente el 28 de julio de 1920.

Villa al frente de 480 hombres, firmó pues la paz, y depuso, esta vez para siempre, las armas. Mal vestidos, pésimamente armados y peor comidos, fueron llegando los supervivientes de la gloriosa División del Norte.

La Cámara de Comercio de Sabinas ofreció un banquete y obligado fue el General a tomar la palabra:

--"No crean ustedes que el que les va a hablar es un filósofo. Soy sólo un hombre del pueblo; pero ustedes comprenderán que estos hombres cuando hablan, hablan con el corazón. La campaña que me hizo don Venustiano Carranza en el estado de Chihuahua, le ha costado a la nación algunos miles de hombres y algunos millones de pesos; pero ya de ese hombre no hay que decir nada". --"Pienso que las principales desgracias sufridas en mi país, han sido causa de los gringos, y los llamo así porque no los puedo ver ni en pintura, aunque uno de ellos esté entre nosotros".

--"No crean ustedes que por que haya asumido esta actitud de paz, haya sido porque Francisco Villa ya no podía sostenerse revolucionando en su país. Villa puede sostenerse el tiempo que quiera; pero ya no quiero que ese gobierno de facto del señor de la Huerta, en el mañana vaya a decir que yo fui la rémora para la pacificación, y es por ello, que he asumido esta actitud.

--Para terminar, réstame decir que prometo bajo mi palabra de honor, no volver a quemar ni un sólo cartucho que vierta sangre de hermano, porque siempre he querido bien a mi raza.

Un fortísimo y prolongado aplauso rubricó sus últimas palabras. Horas después, rechazó el ferrocarril por desconfianza, y emprendió la última cabalgata rumbo a Canutillo.

Exhaustos, desarrapados, piojosos, pero felices, llegaron a la enorme hacienda aquellos centauros tras haber librado cien combates y haber recorrido la mayor parte de la República.

--Aquí comenzaremos una vida nueva. Con nuestro trabajo convertiremos estas ruinas en una floreciente hacienda. En la guerra como en la paz, yo pondré siempre el ejemplo y seré el primero en levantar y entrarle al arado para producir los frutos que México necesita.

--Los que quieran irse con su familia pueden hacerlo, llevando toda la gratitud de mi corazón, por tantos desvelos, penalidades y peligros que juntos hemos sufrido, y cuando quieran volver, esta humilde casa siempre tendrá para ustedes las puertas abiertas.

--Quienes se quieran quedar, lucharán junto conmigo ahora para que la tierra nos dé sus frutos, pos les prometo que nunca jamás en sus vidas volverán a pasar hambres, ni incomodidades, ni peligros, ni sus familias padecerán zozobra y todos volveremos tranquilos al saber que las dictaduras en México se han terminado para siempre y no habrá más reelecciones, por más que Carranza haciéndose el tonto no haiga puesto esa prohibición en la nueva Constitucioón y sobre todo, el porvenir de nuestro país será de libertad y progreso.

En efecto, el trabajo de los "ex dorados"llevó a cabo la metamorfosis de la vieja hacienda. La tierra seca, agrietada, y abandonada, recibió la caricia del arado y la bendición del agua. Y como antaño, generosamente volvió a entregar sus frutos al hombre.

Y aquel guerrillero, alguna vez presa de inaudita ferocidad, volvióse un hombre de paz, mandó construir una escuela y trajo ma-estros y frecuentemente preguntaba por el progreso de los pupilos.

Él mismo, por vez primera en su existencia, se asomó en los libros en la quietud se su hogar y leyó la vida de los grandes hombres.

En cierta ocasión, el maestro de la escuela le sugirió la adquisición de "El Tesoro de la Juventud"para los niños. Al llegar la obra, con una avidez increíble en él, la devoró de la primera hasta la última página, adquiriendo el hábito de la lectura.

Uno de tantos días, una bella y pequeña niña de verdes ojos, penetró a uno de los cuartos adjunto a la recámara principal del casco de la hacienda. Por un inexplicable descuido, una puerta que siempre hallábase cerrada con dos candados, ese día estaba abierta. La curiosidad la llevó hacia el interior y quedóse sorprendida en ver cuidadosamente apiladas muchas barras de plata junto a otra hilera de lingotes de oro.

No se había repuesto de la sorpresa, cuando sintió la presencia de alguien detrás de ella. Asustada se volvió...!Era Villa!

--¿Qué estás haciendo aquí; Matatusa?

--Nada; andaba buscando unas tijeras para recortar monitos.

--¿Quién te abrió?
--Naide; estaba abierto.

Acuclillándose a la altura de la pequeña, la toma en sus brazos el general diciéndole :

--Mira Matatusa, yo voy a ser tu padrino. Te voy a dar esta "alazana"para que la guardes como recuerdo. Ahora vamos a tener un secreto que sólamente tú y yo sabemos en el mundo. ¿Me prometes guardarlo para siempre?

--!Sí señor!

--Bueno, pues a nadie, absolutamente a nadie en el mundo, ni siquiera a tu papá y a tu mamá le diremos lo que hay en este cuarto...
¿De acuerdo?

--¡Sí señor!

--¿Lo prometes por la vida de tu mamá?

--Sí señor.

--Anda pues; ve a jugar y dile a tu papá que no se le olvide que voy a ser tu padrino.

Tomándole de la manita, salieron de la casa y con un beso en la mejilla la despidió.

Ese mismo día, reunido el general con Nicolás Fernández, Sóstenes Garza, Ramón Contreras, José María Jaurrieta, Ernesto Ríos, José Nieto y Ramón Córdoba, expúsoles sus preocupaciones:

--Miren muchachos, no estén creyendo que porque el mocho perjumado me ande enviando obsequios y me acaricie el lomo todo está olvidado. Pa'mi que lo único que quiere es que yo agarre confianza pa'luego desquitarse del brazo que le falta.

--¿A poco creen ustedes que todos los días cuando se despierta y ve que no tiene la mano derecha no se acuerda de mí con coraje? ¿A poco creen que le faltan ganas de sonarme? ¡Pos claro que nó! Lo que pasa es que nosotros no hemos bajado la guardia y estamos siempre prevenidos.

--Y les mandé llamar porque quiero que hagamos tres cosas:

Primera: Tengamos siempre un plan de defensa para que no nos vayan a atrapar aquí en la hacienda. Segunda: Traer más parque y armas pa'si nos atacan tener con que defendernos, y, tercera: sacar de aquí las barritas de oro y plata y llevárnosla juera de la hacienda, porque lo primero que buscarán será precisamente apropiarse de ellas.

--Las llevaremos al banco de Parral--opinó Sóstenes Garza.

--Están más seguras en las Cumbres del Gato o en el Rancho "El Mapache"de mi compadre Atenógenes Rodríguez que en cualquier otra parte. Estando en un banco, a la vista de los empleados siempre despertarán la codicia, pero bajo tierra, no, porque ojos que no ven, corazón que no siente.

Ustedes me han acompañado durante muchos años y por eso quiero que para la madrugada, saquemos la carga y nos la llevemos hasta "El Mapache". Ernesto Ríos, Lorenzo Avalos y Miguelito Trillo, se quedan al frente de la hacienda.

--Tenga listo el camión para cargarlo a las tres de la mañana y salir inmediatamente. A buen paso llegaremos al rancho de mi compadre Atenógenes al anochecer, así que muy tranquilamente podemos enterralos y de madrugada volveremos para llegar por lo menos hasta Parral donde podríamos quedarnos y aprovechar el día para las compras y pos si quieren hasta podemos ver las peleas de gallos en la tarde.

--Al amanecer llegaremos a Parral donde levantaremos picos y palas pa'l hoyo y echamos otro tanto de gasolina y una llanta extra pa'l camino. Debemos aprovechar ahora que la luna está en cuarto menguante para esta operación.

--¿Y qué armas llevamos?

--Una ametralladora, carabinas 30-30, pistolas y suficiente parque.

--En todo caso me parece mejor irnos en dos carros, mi general--intervino José Nieto. En el de adelante podríamos ir Nicolás Fernández, Ramón Contreras y yo.

--De acuerdo --convino Villa--. En el remoto caso de un ataque tenemos mejores posibilidades de defensa.

Oscura como boca de lobo, la noche permitió con todo sigilo la reunión de los "dorados" a las tres de la madrugada; con todo cuidado fueron cargando las barras en el camión, en tanto que el automóvil les precedía manejado por Ramón Contreras llevando al general Nicolás Fernández a su derecha y al coronel Nieto en el asiento de atrás.

El camión era conducido por José María Jaurrieta, llevando a Villa y a Ernesto Ríos en la cabina y en la caja a Sóstenes Garza y Ramón Córdoba. A una señal del jefe echaron a andar ambos vehículos perforando con sus luces la negrura de la noche, y caminaron así hasta que la primera línea del alba les señaló las proximidades de Parral.

Lentamente fueron disolviéndose las últimas sombras de la madrugada para dar lugar al solemne ascenso por la celeste bóveda al monarca de los astros, esparciendo su amplio manto de luz sobre la bella campiña parralense.

Directamente encamináronse a la avenida Independencia donde hicieron alto para pasar a desayunar en la casa de don Pedro Alvarado, viejo amigo del general.

Luego de cargar picos y palas en el camión, prosiguió la comitiva rumbo a Valle de Olivo para desde allí dirigirse a Nonoava, en las estribaciones ya de la Sierra Madre Occidental, y de este poblado prosiguieron por veredas y caminos vecinales donde a duras penas puede transitar un vehículo de combustión interna, adentrándose por esas regiones abruptas donde tan fácil es desorientarse.

Sin embargo, la experiencia durísima de aquel compacto grupo, cuyos corceles tantas veces hollaron esa región, les llevó con absoluta seguridad ya envueltos nuevamente en las sombras de la noche, hacia el rancho "El Mapache".

A una señal de cláxon del camión, hicieron alto junto a un ba-rranco y encendiendo lámparas de petróleo, siguieron al Centauro hacia el lugar por él elegido para enterrar el tesoro. Minutos después los alternativos golpes de los picos chocaron entre la dura tierra para abrir la oquedad receptora de la preciada carga.

Una a una van siendo depositadas las barras de oro y plata en la entraña de la tierra, y luego de cerciorarse de que nada falta, las palas van cubriendo los lingotes hasta quedar totalmente realizada la tarea. Allí mismo durmieron envueltos en sus sarapes, y el divisionario, fiel a su vieja costumbre, retiróse a pernoctar con rumbo desconocido.

Aún no aclaraba cuando volvió de magnífico humor para calentar en la fogata una taza de café negro. --Güeno muchachos, nos cai bien una taza de café antes de llegar con mi compadre Atenógenes.Él es el primo del difunto general José Rodríguez, y por consecuencia, goza de toda mi confianza.

--Nomás esperamos que raye el sol para llegar con él.

Una hora más tarde la comitiva llegaba a la casa del rancho.

--Pero compadre !qué gusto me da verlo!

--Don Atenógenes, aquí me tiene como lo prometí. Ya conoce a todos los muchachos, ¿verdad?

--Claro, claro; ¿Qué, no se acuerda cuando la punitiva llegó procurándolo, compadre? Pasen, pasen por favor, que en un ratito más Chole les preparará el desayuno. !Ah, cómo me acuerdo de la tanteada que les pegamos a los gringos cuando andaban buscándolo! Por despacharlos para el lado contrario, todavía me dieron veinte dólares.

Lo que sí me pudo mucho, mucho, es que haigan agarrado a Pablo López.

--Pero no fueron los punitivos, compadre, fueron los carrancistas.

--Güeno, pa'l caso es lo mesmo. !Pobre Pablo! Mire, aquí tengo la fotografía donde lo están fusilando.

--Ya no me acuerde compadre, que me da sentimiento.

--Y mire, me trajo uno de los soldados que lo custodiaba la última carta que escribió. Era para un hijo, pero como desapareció, pos me quedé con ella. Si la quiere llévesela como recuerdo mi General.

!Chole, traime la carta de Pablo!

138

Minutos después, el Centauro fue lentamente leyendo:

Querido hijo:

Pronto voy a morir. Tú eres aún muy niño para comprender los problemas de los hombres, pero crecerás y algún día tú también serás hombre y entonces sí podrás leer la presente y comprenderme mejor.

Al asesinar Huerta al presidente Madero, -el símbolo de la democracia-, participé de la indignación general del país y quise hacer algo por él.

Entonces conocí a Pancho Villa. Y él, me invitó a formar la División del Norte, y el mayor motivo de orgullo de mi vida será haber participado en ella en los combates de Torreón, Paredón y Zacatecas. Y ví muchos hombres morir. No todos nuestros enemigos eran malos. Simplemente el destino los puso del otro lado de la trinchera.
Así combatimos varios días en Zacatecas, con sol y con lluvia, de noche y de día, y la sangre mexicana de hermanos se derramó formando ríos hasta finalmente triunfar la Revolución.

Mas, !oh desilusión! , su triunfo no trajo la felicidad a los mexicanos. La ambición se enseñoreó una vez más en los poderosos, y los mexicanos volvimos a dividirnos para correr nuevamente la sangre hermana en los campos de Celaya, León y Trinidad.
Luego de la derrota de la gloriosa División del Norte, el Ge-neral Villa nos llamó a la oficialidad para decirnos:

"Ya ven muchachos, cómo ahora nos tocó perder. Quienes quieran licenciarse no se los tomo a mal, pues ya bastantes han muerto y muchos quedaron en los campos de batalla. Yo no me rendiré jamás. Nunca le daré ese gusto a Carranza. Me iré al monte, al desierto, a la llanura y pelearé con los que voluntariamente me sigan. No tengo qué ofrecerles sino hambreadas, peligros y malas pasadas. Cabalgaremos mucho y pelearemos mucho, hasta que muera yo o muera Carranza. Así que de una buena vez quienes me sigan a la Sierra, den un paso al frente, pero conste, ya saben lo que les espera.

Me creerás hijo mío, en un instante mil pensamientos cruzaron por mi mente; por un lado recordé el sueño donde tu madre me estiraba los brazos diciéndome en tono suplicante: "Ven, no nos dejes, te queremos mucho y tu hijo necesita de su padre, vente a la tranquilidad del hogar formado por nuestras ilusiones cuando me prometiste al regresar de tu último combate". Y en el mismo sueño veía también tu carita infantil con una mirada profunda, fija, no sé si reprochándome o intentando comprender tantas cosas. A punto estuve de decir a Villa que le tomaba la palabra y me licenciaba, incluso hasta me quité el sombrero para despedirme de él. Pero en ese instante, volvió la vista hacia mí sin decirme nada, pero diciéndome mucho con los ojos, con esa mirada tan penetrante con la cual de plano me suplicaba que no lo abandonara, que aún existía un ideal por el cual seguir la lucha, que si dejaba la tranquilidad de mi hogar, también él tenía una mujer amada esperándole, y que por encima de cada uno de nuestros hogares existía algo muy grande llamado Patria, algo tan grande como nuestro cielo y como nuestra historia, la cuál, estábamos escribiendo precisamente con nuestra sangre.

Después de sentir un nudo en mi garganta, me adelanté para decirle: "Mi General, conmigo cuente hasta la muerte". Así, montamos cuando alguien gritó muy emocionado !Viva Villa!, y todos respondimos como en los días de gloria: !Viva Villa!, empezando una nueva etapa, la guerra de guerrillas.

Todas mis pertenencias personales se las envié a tu madre de la cuál, tú eres ahora su mayor anhelo, y mañana su sostén y su motivo de orgullo, pues con tantos peligros pensé morir en un combate cualquiera y mi cuerpo quedase enterrado, así nomás, sin caja, en algún cauce seco de un arroyo para después, con la primavera, una corriente nueva de agua regara el lugar donde me enterraran y unas flores silvestres brotaran de nuevo a la vida.

En ese mismo instante de la decisión más importante de mi vida, supe que ibas a quedar solo con tu madre y las necesidades y penas que iban a sufrir, pero creo todavía en el ideal de un México mejor, un México con paz, con libertad y progreso y donde el mexicano no sea más, el peor enemigo de su hermano de raza, sino donde todos juntos luchen por su prosperidad y por ello, me he preguntado en la soledad de la Sierra: ¿Habremos luchado en vano? Y creo firmemente en el sentido de nuestro sacrificio.

Desde mi captura he reflexionado mucho en el hospital. Subrepticiamente me han dicho a través de las enfermeras, que amigos míos han hablado con Carranza pidiéndole mi vida, pero estoy totalmente convencido que nó sólamente no hay misericordia en ese hombre, sino incluso, está esperando la satisfacción de enterarse de mi muerte.

No deseo le guardes ningún rencor. Esa fue nuestra lucha, y me tocó perder.

Es mi último deseo seas un hombre de bien, un ciudadano útil a tu Patria, un hombre ilustrado y pacífico, trabajando en una bonita profesión como doctor, para curar en vez de matar como yo, o licenciado para pelear con la palabra y no con el rifle, y sobre todo, veas siempre por tu madrecita y por esa niña acabada de nacer, para en el futuro, en ese México del porvenir, sean ustedes mi ilusión de hoy, la razón de ser de mi lucha y mi sacrificio, y sobre todo recuerden a su padre que los quiso con toda el alma y cuando mañana el pelotón de fusilamiento me esté apuntando, mi último pensamiento volará hacia ustedes.

Pablo López.

Dos gruesas lágrimas surcaron las mejillas del guerrillero cuando concluyó la lectura.

--Mire compadre, ya me estoy haciendo viejo. Nomás me acuerdo de los muchachitos que cayeron a mi lado, y pos la verdá, me pongo sentimental.

--Pero Dios lo cuidó siempre a usté, compadre. Chole todas las noches le rezaba sus Ave Marías.

--Todos tenemos un destino, compadre; yo siempre creí en él. Nadie se muere en la víspera y siempre tuve la seguridad que mientras hubiera Revolución, ninguna bala me mataría, porque no había cumplido mi misión, pero ahora, compadre, acuérdese lo que le digo; ahora el día menos pensado amanezco muerto. Y es que yo ya cumplí con lo mío.

Y clavando la vista en la lejanía del paisaje norteño, con voz grave agregó:

--Ahora, estoy preparado para morir.

Chocolate, huevos con tocino, frijoles refritos con queso y tortillas de harina constituyeron el desayuno ofrecido por doña Chole, antes de partir. Nuevamente Nonoava, Valle de Olivo y Parral, ya muy noche donde pernoctaron. De madrugada, como era costumbre, salieron rumbo a Canutillo.

Al día siguiente muy de mañana, el general Nicolás Fernández le pidió al coronel Nieto le acompañara a buscar al General. Después de recorrer media hacienda, lo divisaron recostado en un árbol contemplando absorto el dilatado panorama. Por un momento temieron interrumpir la secuela de su pensamiento.

En voz baja y lenta, sin dejar de mirarlo comentó José Nieto, quizá más para sí, que para su acompañante:

--La soledad es el alimento del genio.

Un viernes veinte de julio, a las siete y cuarto de la mañana, concluye su desayuno en la casa de doña Manuela Casas acompañado únicamente de Miguel Trillo y Ramón Contreras. A la salida le espera su chofer Rosalío Rosales, el capitán Daniel Tamayo, el coronel Rafael Medrano y el asistente Claro Hurtado.

——— ——— ———

Ese día:

Aspiraron el primaveral aroma del zacate mojado. Acariciaron el aterciopelado pescuezo de los nobles garañones. Escucharon el alegre trino de las aves canoras. Saborearon el jugoso filete del cara-blanca y contemplaron extasiados la solemne ceremonia del crepúsculo sobre la pradera teniendo como fondo el brillante sideral que preside el arribo de las sombras. Respiraron en suma -en el remanso de la paz- las esencias virginales de la Patria.

Abordaron el automóvil con Rosalío Rosales al volante y el General Villa a su derecha rumbo al Hotel Hidalgo, donde permaneció breves minutos el General, para salir a las siete cuarenta y cinco. En la puerta se encontró a un viejo amigo conocido a quien saludó efusivamente para luego recibir esta advertencia:

-Mi General, unos desconocidos se han estado reuniendo en los últimos días...

Villa, haciendo una excepción a su natural suspicacia, cortó de inmediato la frase para responder estoicamente.

--Usté no se preocupe. Uno se muere sólo cuando le toca.

A continuación se dirigió a Rosalío:

--Déjame manejar. Tú Miguelito, vente conmigo adelante.

Cambiaron los lugares y el automóvel arrancó rumbo al barrio de Guanajuato, entrando por la calle de Mercaderes.

De magnífico humor disfrutaban la fresca mañana y recordando la advertencia hecha unos momentos antes, Villa comentó:

--Nadie escapa a su destino...

En ese preciso instante, una lluvia de más de cien balazos cayó sobre ellos.

Eran las siete cincuenta de la mañana del viernes 20 de julio de 1923.

12 ——————————— Sotheby

--Pasajeroscon destimno a Nueva York, sírvanse abordar el avión-- la metálica voz femenina del altoparlante anunció rutinariamente. El enorme jet, una vez cerradas herméticamente las puertas, empezó a rodar lentamente, luego fue adquiriendo más y más velocidad y repentinamente pareció hundirse en el piso. El moderno aparato perforando un pesado banco de nubes, ascendió hasta un limpio azul cielo haciendo despedir brillantes destellos de plateada luz a las alas de aluminio, mientras una suave música clásica deleitaba individualmente a los pasajeros.

--Pobre don Nicanor--pensó uno de los pasajeros--, no debió ir a la Sierra a su edad. La pulmonía que lo acabó la pescó por andar buscando tesoros que lo más seguro es que sólamente existieron en su imaginación. Menos mal que por lo menos recogió este trapo viejo y lo más curioso es el apego tan tremendo que le agarró. Casi casi estaba obsesionado con él, pues ya con la fiebre de la pulmonía se la pasó dialogando con él. Y lo peor es que no quiso que se lo llevaran al hospital para no separarse de él pretextando que de algo tenía que morir, y para eso prefería su casa que el ISSSTE. Menos mal que su esposa todavía lo alcanzó los últimos días. Don Nicanor en realidad sólo vivió trece años, es decir, desde 1910 a 1923; el resto simplemente fue recordando ese álgido lapso, como si su mente hubiese formado una espora impermeable al transcurso del tiempo, lo que demuestra que desde que pescó la pulmonía allá en la Sierra, se la pasaba hablando con Villa y Pablo López.

--Y con todos esos personajes de la Revolución los recordó y murió haciendo planes para rescatar al general Angeles, antes de que lo fusilaran. Efectivamente, las torrenciales lluvias de la Sierra, aunadas a la fatiga física sobre el débil y estragado organismo de don Nicanor, condujéronlo a la pulmonía, de la cual inmediatamente lo empezó a atender el doctor, quien a su vez, sugirió llamar desde luego a doña Paz a Los Angeles, temiendo a la avanzada edad del veterano aunada a la enfermedad.

El instinto de conservación luchó durante una semana más, pero una vieja deficiencia renal produjo el desenlace. En el antiguo panteón de Dolores, una tarde gris, acompañado sólo por su viuda Paz, sus hijos Teresa y Pancho, así como un reducido grupo de amigos, entre los cuales desde luego se hallaban Walther y Eugenio. Sólo un par de coronas florales le acompañaron en su postrer viaje. Demasiado humilde en su vida y en su muerte, careció de oración fúnebre al disolverse en la eternidad.

Al retorno triste al viejo hogar, sobresalía entre sus escasas pertenencias colgado en la sala a un lado de la ventana, como para que los rayos del sol no cayeran directamente sobre su faz y lo decoloraran, el extraordinario óleo del General Francisco Villa. Casi podía afirmarse que fue la última compañía de don Nicanor. En todo su esplendor, venciendo al tiempo e imponiéndose en la historia, hallábase allí, poderoso y desafiante en todo su esplendor de los días de gloria, con su impresionante mirada tan fielmente captada por el talentoso artista.

Con verdadera devoción recogió doña Paz el cuadro sin contener las lágrimas que acariciaron su rostro al recordar su fidelidad a la causa revolucionaria y a su caudillo. Con la abnegación de la buena esposa mexicana, separó pacientemente todos los pequeños objetos que tenían un valor sentimental para ella, y después de haber donado el resto de sus pertenencias al Asilo de Ancianos, en compañía de su hija Teresita, partió a Los Angeles.

Sin otra intención que conservar un querido objeto de su marido, fue trasladado el óleo a Los Angeles, para conservarlo en el seno del hogar conyugal. Poco a poco fue dándose a conocer primero en la comunidad "chicana" de la urbe, y posteriormente en mayores círculos de artistas e historiadores.

Sin excepción, todos consideraron que el retrato tenía un considerable valor y finalmente un experto en arte, Felipe Sidransky, ofreció veinte mil dólares por él.

Esta era una suma muy considerable para Efrén, y consultando el asunto con otros profesionales de antigüedades, se le sugirió lo llevase personalmente a la famosa casa de remates en Nueva York, donde se le podría obtener un precio bastante superior al propuesto por Sidransky. Por esa razón, hallábase en esos momentos en el aire Efrén. La subasta podría resolver todos sus problemas económicos y permitirle una vida sin preocupaciones para el futuro. Bien podría elegir entre Los Angeles y Chihuahua o adquirir una casa en Ensenada para en compañía de doña Paz y sus hijos, vivir allí.

Pocas horas después, el jet cobraba pista en el aeropuerto La Guardia, y de inmediato tomó Efrén un taxi rumbo al modesto y céntrico Hotel Tudor, sin perder un minuto de vista su precioso legado. Muy temprano al día siguiente, dirigióse a las oficinas administrativas de la Casa Stheby, donde fue recibido por su gerente, Mr. Warren Burns. Una breve llamada telefónica, hizo aparecer minutos más tarde a Mister Larry Byrne, perito en obras de arte pictóricas, quien inquirió minuciosamente sobre el origen del cuadro, y satisfecho de las precisas respuestas, sugirió cincuenta mil dólares como postura base. Habiendo aceptado Efrén, de inmediato firmó el contrato sobre la tradicional base del porcentaje en el remate del siguiente día.

Aburrido sentíase esa tarde William Church; cierto es que sus negocios marchaban viento en popa y la empresa de pollos fritos extendíase de costa a costa cada vez con mayor éxito, pero en esos días flojos, vacíos, nebulosos, carentes de algún nuevo incentivo, debía volver la vista hacia uno de sus tres hobbies predilectos: Bethoven, el ajedrez y los cuadros de arte. Sentóse displicentemente en su sillón predilecto, se preparó un jaibol con agua mineral y whiskey escocés adicionado con tres cubitos de hielo; durante largo rato los batió antes de probarlo. Con el control remoto encendió el televisor, y sucesivamente fue cambiando de canal en canal hasta finalmente apagar el aparato.

Levantóse para dirigirse lentamente a una mesa donde hallábase un tablero de ajedrez con las piezas ordenadas en su posición original.

Debía prepararse para el torneo de Nueva York y deseaba ensayar una apertura nueva al gambito de dama o a la Ruy López. Recordó que un amigo mexicano habíale sugerido un curiosamente llamado ataque chaveñero iniciado con 1.--P3d. Interesante idea puesto que si el negro responde con 1.-- ...P4R puede el blanco fianchetarse por el flanco rey y convertir la partida en una defensa Pirc con los colores invertidos, es decir, con un tiempo de más, como en el encuentro en que Korchnoi jugando con negras esta defensa, venció a Fischer en Curazao.

Valdría pues la pena probarla. Además del de por sí interesante torneo de Nueva York, se abría otra atractiva posibilidad: asistir al remate de Sotheby. Sentía una extraña fascinación por la posesión de obras de arte originales, muy particularmente por autores célebres como Goya o El Tintoreto, o bien personajes históricos como Jefferson o Lincoln, sus héroes predilectos. En esos momentos sonó el teléfono. Su gerente de la empresa le llamaba.

--¿Sí? !Hola! ¿La inscripción confirmada?

--¿El sábado?... sí...por supuesto... ¿Villa?...desde luego... bien, nos veremos en el aeropuerto. Hasta luego.

--Vaya --pensó--, ahora adquiría un doble sentido el viaje a Nueva York. Además de participar en el clásico torneo de ajedrez adquiriría un cuadro original del General Francisco Villa. Precisamente junto con Napoleón, era una de sus lecturas biográficas favoritas.

Por otra parte, de acuerdo con el propio Premio Nobel de Economía Paul Samuelson, los cuadros valiosos incrementan su valor exactamente al mismo ritmo del interés compuesto bancario, es decir, sería una magnífica inversión. Tres días más tarde en el Aeropuerto Kennedy, William Church era recibido por Kenneth Smith, su gerente empresarial en la urbe de hierro, con el clásico:

–!Hi!

Como de costumbre, una vez más se dirigieron al tradicional Hotel Plaza, previa reservación, desde luego.

--¿Tiene idea en cuánto saldrá a la venta el cuadro?
--Parece ser cincuenta mil la postura inicial--respondió durante el trayecto Kenneth Smith. --Lo cual significa conservadoramente que puede saltar hasta seis tantos más, es decir, trescientos mil dólares. Fijemos esa, como postura máxima y esperemos no tengamos empecinados opositores.

--Sólo que aparezcan admiradores de Villa.

--Es difícil en Nueva York.

--Bien, brindemos por el éxito en la adquisición del cuadro--dijo Church dando por concluído el tema.
Al día siguiente, faltando diez minutos para las cinco, presentáronse a la famosa casa de subastas, siendo cortesmente recibidos.

Eligieron una discreta tercera fila entre la elegancia de personalidades que paulatinamente fueron ocupando los asientos, no sin antes, aceptar té con galletas. Con genuino interés vió, como un jarrón chino de alguna remota dinastía abría la sesión metéoricamente, subiendo en las ofertas hasta que el golpe del mazo indicó el cierre de la operación.

Vino luego un ignoto lienzo de Jacobo el Tintoreto sacado con una postura base de ochenta mil dólares, el cual fue subiendo hasta alcanzar los trescientos noventa mil dólares cuando se escuchó el simbólico martillazo. Luego de varias obras de orfebrería rusa y de un ícono rumano, le llegó el turno a una pequeña obra de Tiziano Vecellio, rematada en doscientos ochenta mil dólares. En noveno lugar salió por fin el esperado óleo del General Francisco Villa el cual fue expuesto mientras brevemente se relataba su procedencia.

Abierta la postura de cincuenta mil dólares, va ascendiendo a cincuenta y cinco mil; sesenta, setenta; aquí intervino William para ofrecer ochenta mil. Un anciano circunspecto con cascada voz eleva a noventa; otro a cien mil; alguien más con serenidad de jugador de póker la puja a ciento ochenta mil; doscientos diez mil..., doscientos veinticinco mil, y una vez más el magnate texano brinca hasta doscientos setenta mil dólares. Un tenso silencio se posa, mientras el empleado pregunta si alguien ofrece más; cuenta luego..., uno...dos... !tres!

!Vendida en doscientos setenta mil dólares.

Feliz se levanta William Church a entregar el cheque y con la eficaz ayuda de Kenneth Smith, recibe el impresionante cuadro mientras escucha de un desconocido y circunspecto caballero de nítido acento neoyorquino:

--¡Felicitaciones! Estupenda adquisición.

Minutos más tarde, dirigiéronse al restaurante de comida mexicana "La Fonda de los Milagros", a festejar la operación.

Mientras tanto, Efrén abandonaba en taxi la casa de subastas rumbo a su modesto Hotel Tudor, para retornar a Los Angeles con su jugoso cheque a buen recaudo.

"No cabe duda--razonó satisfecho-- que éste óleo, fue en realidad....

¡El Tesoro de Villa!

Epílogo

Históricamente, la Revolusión Mexicana se inicia el 20 de Noviembre de 1910 y concluye el 5 de febrero de 1917...pero para el Estado de Chihuahua la REvolución se extiende hasta el día 28 de julio de 1920 en que Francisco Villa se amnistía al gobierno de Adolfo de la Huerta a raíz de la muerte de Venustiano Carranza, después de haber escrito una de las más increíbles hazañas militares de todos los tiempos al retar durante cinco años al ejército federal, y de paso, durante casi un año a la columna de quince mil hombres de Pershing.

Pocas cosas dejó Francisco Villa. Una de ellas fue un nombre para posteridad. En todo el mundo, si algún mexicano es recordado de alguna manera, es precisamente él, y sólo él en muchas regiones distantes.

Junto a su nombre quedó una leyenda de heroísmo, de folclore, de mitología.

Dejó también, varios auténticos tesoros, unos de los cuales han sido efectivamente encontrados por algunos afortunados, mientras otros, aún hállanse en la entraña de la tierra mexicana en espera de algún hombre del porvenir.

Legó también, casi diríamos involuntariamente algunos objetos, precisamente entre los cuáles, se halla el verdadero óleo, el único para el cual se sabe posó, que honra y orna la portada de esta obra y el cual constituyó la razón de ser de ella y misma, que, a fin de legarse a las nuevas juventudes de México, a través del coronel José Andrés Nieto Houston, como fue su última voluntad, deberá permanecer para siempre en nuestra patria.

Editado por
CENTRO LIBRERO JUAREZ
5 de Mayo Sur 133

Hecho en México.
Estados Unidos Mexicanos. D.R.
Impreso en los Talleres Gráficos
en Ciudad Juárez, Chih.
Tel. 656 6132459
Otoño del año 2007

Otoño del año 2007

INDICE